Até logo/Adeus
Goodbye
gud-bái

KT-451-394

Como vai?
How are you?
rrau ar iu

Meu nome é …
My name is …
mai neim is

Qual o seu nome?
What's your name?
uóts iór neim

Qual o nome dele (a)?
What's his/her name?
uóts rris/rrêr neim

Posso apresentar-lhe …?
May I introduce …?
mei ai in-tro-dus

Este (a) é … *(apresentando um homem/uma mulher)*
This is …
dis is

Olá
Hello
rré-lou

Oi!
Hi!
rrái

Adeus
Bye/Cheerio (ING)!
bái/tchi-ri-ou

Até mais tarde
See you later
sí iu lei-têr

Muito prazer em conhecê-lo (a)
It's been nice meeting you
its bin nais mi-tin iu

OBRIGADO, POR FAVOR, DESCULPE

Obrigado (a)
Thank you
fên-kiu

Não, obrigado (a)
No, thank you
nôu, fên-kiu

Sim, por favor
Yes, please
iés, plíz

Por favor *(oferecendo ou pedindo algo)*
Please
plíz

Desculpe-me! *(ao espirrar/bocejar etc.)*
Excuse me!
eks-kíuz-mi

Desculpe!
Sorry!
só-ri

Sinto muito!
I'm really sorry
aim ri-li só-ri

Foi/Não foi culpa minha!
It was/wasn't my fault!
it uós/uó-zânt mai fólt

FRASES ÚTEIS PARA O DIA A DIA

SIM, NÃO

Sim/Não
Yes/No
iés/nôu

Ótimo!
Excellent!
eks-ce-lent

Não faça isso! *(informal)*
Don't!
dont

OK
OK
ôu-kei

Está bem
That's fine
déts fai-ne

É verdade/Está certo
That's right
déts ráit

APRESENTAÇÕES, SAUDAÇÕES

Prazer em conhecê-lo (a)
How do you do, pleased to meet you
rrau du iu du, plízd tu mít iu

Bom dia/Boa tarde/Boa noite
Good morning/Good evening/Good night
gud mor-nin/gud í-ve-nin/gud náit

INTRODUÇÃO

Pronúncia

Ao ler a pronúncia imitada, acentue as partes sublinhadas. Pronuncie cada sílaba como se fosse de uma palavra em português, e você será suficientemente bem compreendido. Lembre-se dos pontos abaixo para melhorar sua pronúncia.

a pode ter o som de 'ei' ('name'), 'a' ('an'), 'á' ('bar') ou 'ó' ('tall')
e pode ter o som de 'i' ('me'), 'é' ('bed') ou 'â' ('her')
i pode ter o som de 'ai' ('time') ou 'i' ('pin')
o pode ter o som de 'ou' ('rope'), 'ó' ('not') ou 'u' ('move')
u pode ter o som de 'iu' ('union'), 'â' ('tub') ou 'u' ('bull')
y no início de uma sílaba, tem o som de 'i' ('year'); no fim de uma sílaba, tem o som de 'ai' ('my') ou 'i' ('pretty')
ch pronuncia-se como 'tch' ('much')
g antes de 'e' e 'i' geralmente é pronunciado como 'dj' ('danger')
h o 'h' geralmente é aspirado ('help') – som originado na garganta –; no texto da pronúncia, é indicado pelo símbolo 'rr'
j pronuncia-se sempre como 'dj' ('just')
ng esta terminação é nasal, mas o 'g' final ('being') não é pronunciado
qu pronuncia-se como 'ku' ('quick')
r como nas palavras 'red' e 'sorry', tem um som próximo ao do 'r' seguido de consoante pronunciado em algumas regiões do interior paulista
sch pronuncia-se como 'sk' ('school')
sh pronuncia-se como 'ch' ('sharp')
th pode ter som de 'd' ('this') ou som de 'f' ('thanks'), em ambos os casos com a língua entre os dentes frontais
w tem som de 'u' ('wine'), mas é mudo antes de 'r' ('write') e 'ho' ('who')

Gêneros e Artigos

Os substantivos ingleses podem ser precedidos pelo artigo definido **the** (o, a, os, as) ou pelos artigos indefinidos **a** ('um/uma', antes de consoante ou 'h' aspirado) ou **an** ('um/uma', antes de vogal ou 'h' mudo).

PREFÁCIO

Este *Guia de conversação para viagens* foi criado com o objetivo de ajudar quem viaja pelo mundo, seja a passeio, seja a trabalho. Ele compreende um amplo repertório de palavras e frases úteis, distribuídas em seções temáticas como Hotéis, No Carro, Compras e Serviços, Saúde e assim por diante, além de um minidicionário com cerca de 2 mil palavras. Oferece também um amplo manual de termos ligados à culinária, com aproximadamente 600 itens, entre pratos, ingredientes, modos de preparo e apresentação.

Por ser mais difundido internacionalmente, adotou-se o inglês americano como base da pronúncia, mas isso não deverá afetar a compreensão do idioma nos países de pronúncia britânica. Nos casos em que os termos forem particularmente diferentes no inglês falado na Inglaterra, eles aparecerão no texto com a sigla **ING**.

Respostas típicas a perguntas que você precisará fazer durante a viagem aparecem destacadas em quadros, assim como expressões ou instruções que você provavelmente vai ver ou ouvir. A Introdução ensina em linhas gerais o básico da pronúncia do idioma. E no texto principal a pronúncia de palavras e frases é imitada com sílabas em português.

A série Guias de Conversação para Viagens inclui até aqui os títulos *Alemão, Árabe, Chinês, Espanhol, Europa, Francês, Grego, Holandês, Inglês, Italiano, Japonês, Português* (para estrangeiros), *Russo, Tailandês, Tcheco* e *Turco*. Ela complementa a coleção Guias Visuais, os guias turísticos mais completos e bem ilustrados disponíveis em português. Neles o leitor encontra centenas de fotos, mapas detalhados e ilustrações que mostram o interior de monumentos arquitetônicos, bem como informações sobre cultura, história, passeios, hotéis, restaurantes, compras e entretenimento.

Conheça também os títulos da coleção *Guias Visuais*:

África do Sul • Alemanha • Amsterdã • Argentina • Austrália • Áustria • Barcelona e Catalunha • Berlim • Brasil • Califórnia • Canadá • Caribe • Chile e Ilha de Páscoa China • Costa Rica • Croácia • Cuba • Egito • Espanha • Estados Unidos • Estônia, Letônia e Lituânia • Europa • Flórida • França • Holanda • Ilhas Gregas e Atenas • Índia Inglaterra, Escócia e País de Gales • Irlanda • Istambul • Itália • Japão • Jerusalém e a Terra Santa • Las Vegas • Lisboa • Londres • Madri • México • Moscou • Nova York • Nova Zelândia • Paris Peru • Portugal, Madeira e Açores • Praga • Roma • São Francisco e Norte da Califórnia Suíça • Turquia • Vietnã e Angkor Wat • Walt Disney World® Resort & Orlando

SUMÁRIO

Prefácio	4
Introdução	5
Frases Úteis para o Dia a Dia	6
Coloquialismos	17
Dias, Meses, Estações	18
Números	19
Tempo	20
Hotéis	23
Camping e Trailers	29
Flats e Apartamentos	32
No Carro	37
Meios de Transporte	45
Refeições	58
Manual do Menu	63
Compras e Serviços	79
Esportes	90
Correio e Bancos	96
Ligações Telefônicas	101
Emergências	107
Saúde	113
Tabelas de Conversão	120
Minidicionário	121

www.dk.com

Copyright © 1999 Publifolha – Divisão de Publicações da Empresa Folha da Manhã S.A.

Projeto editorial e gráfico da série © Dorling Kindersley Limited, Londres.

Todos os direitos reservados. Nenhuma parte desta obra pode ser reproduzida, arquivada ou transmitida de nenhuma forma ou por nenhum meio sem a permissão expressa e por escrito da Empresa Folha da Manhã S.A., por sua divisão de publicações Publifolha.

Proibida a comercialização fora do território brasileiro.

COORDENAÇÃO DO PROJETO
PUBLIFOLHA
Editora assistente:
Cláudia Ribeiro Mesquita
Coordenador de produção gráfica:
Marcio Soares
Produtora gráfica:
Soraia Pauli Scarpa

PRODUÇÃO EDITORIAL
PÁGINA VIVA
Edição e editoração eletrônica:
Página Viva
Consultoria para o inglês:
Mônica S. F. S. B. Tambelli

AGRADECIMENTOS DA PUBLIFOLHA
A Publifolha agradece à Dorling Kindersley, editora responsável pela publicação da série original *Eyewitness Travel Guides – Phrase Book*.

FOTOS DA CAPA
Joseph Sohm; Visions of America/CORBIS, London Northern Bus Co. Ltd., Martin Plomer, Stephen Oliver, Silvio Cioffi/Folhapress

PUBLIFOLHA
Divisão de Publicações do Grupo Folha
Al. Barão de Limeira, 401, 6º andar
CEP 01202-900, São Paulo, SP
Tel.: (11) 3224-2186/2187/2197
www.publifolha.com.br

Dados Internacionais de Catalogação na Publicação (CIP)
(Câmara Brasileira do Livro, SP, Brasil)

Inglês : guia de conversação para viagens / [Dorling Kindersley ; tradução Página Viva]. 7ª ed. – São Paulo : Publifolha, 2015. – (Guia de conversação para viagens)

10ª reimpr. da 7ª ed. de 2009.
Título original: English phrase book.
ISBN 978-85-7402-109-6

1. Conversação 2. Inglês – Vocabulário e manuais de conversação
I. Dorling Kindersley. II. Série.

10-11674   CDD-428.2469

Índices para catálogo sistemático:
1. Guia de conversação : Inglês : Linguística   428.2469
2. Inglês : Guia de conversação : Linguística   428.2469

Este livro segue as regras do Acordo Ortográfico da Língua Portuguesa (1990), em vigor desde 1º de janeiro de 2009.

Impresso na Corprint sobre papel offset 90 g/m² em janeiro de 2015.

GUIA VISUAL FOLHA DE S.PAULO

INGLÊS

GUIA DE CONVERSAÇÃO PARA VIAGENS

WITHDRAWN

DORLING KINDERSLEY

PUBLIFOLHA

ONDE, COMO, PEDIDOS SIMPLES

Com licença *(para que alguém dê passagem)*
Excuse me, please
eks-kíuz-mi, plíz

Pode me dizer ...?
Can you tell me ...?
kén iu tél mi

Pode me dar ...?
Can I have ...?
kén ai rrev

Deseja um (a) ...?
Would you like a ...?
uud iu laik a

Gostaria de ...?
Would you like to ...?
uud iu laik tu

Há ... aqui?
Is there ... here?
is dér ... rri-êr

O que é isso?
What is that?
uót is dét

Onde posso conseguir ...?
Where can I get ...?
uér kén ai guét

Quanto custa?
How much is it?
rrau mâtch iz it

Onde está o (a) ...?
Where is the ...?
uér iz de

Por favor, onde ficam os sanitários?
Where are the toilets, please?
uér ar de <u>tói</u>-léts, plíz

SOBRE VOCÊ MESMO

Sou de ...
I'm from ...
<u>aim</u> fróm

Tenho ... anos
I'm ... years old
<u>aim</u> ... iers old

Sou ... *(profissão)*
I'm a ...
<u>aim</u> a

Sou casado (a)/solteiro (a)/divorciado (a)
I'm married/single/divorced
<u>aim</u> <u>mé</u>-rid/<u>sin</u>-gôu/di-<u>vór</u>-sid

Tenho ... irmãs/irmãos/crianças/filhos/filhas
I have ... sisters/brothers/children/sons/daughters
<u>ai</u> rrev ... <u>sis</u>-ters/<u>bró</u>-ders/<u>tchil</u>-dren/<u>sâns</u>/<u>dó</u>-têrs

PREFERÊNCIAS, CONVERSAS SOCIAIS

Gosto (de) ...
I like/I love ...
ai <u>laik</u>/ai <u>lóv</u>

Não gosto (de) ...
I don't like ...
ai <u>don</u> laik

Gosto de nadar/viajar
I like swimming/travelling
ai laik su-<u>i</u>-min/<u>tré</u>-vâ-lin

Detesto …
I hate …
ai rreit

Gosta de …?
Do you like …?
du iu laik

É delicioso/horrível!
It's delicious/awful!
its de-li-chi-ous/ó-ful

Não bebo/fumo
I don't drink/smoke
ai don drink/smôuk

Importa-se se eu fumar?
Do you mind if I smoke?
du iu maind if ai smôuk

Não como carne nem peixe
I don't eat meat or fish
ai don ít mít or fich

O que deseja (beber)?
What would you like (to drink)?
uót uud iu laik (tu drink)

Gostaria de um (a) …
I would like a …
ai uud laik a

Não quero nada, obrigado (a)
Nothing for me, thanks
nó-fin fór mi, fênks

Ficarei com este
I'll get this one
au guét dis uan

Saúde! *(brinde)*
Cheers!
tchírs

Gostaria …
I would like to …
ai uud laik tu

Vamos a Boston/ao cinema/à exposição
Let's go to Boston/to the cinema/the exhibition
léts gou tu Bós-ton/tu de cí-ne-ma/tu de eks-zi-bi-chon

Vamos nadar/dar um passeio
Let's go swimming/for a walk
léts gou su-í-min/fór a uólk

Como está o tempo?
What's the weather like?
uóts de ué-der laik

O tempo está péssimo
The weather's awful
de ué-ders ó-ful

Chove a cântaros
It's pouring down
its pu-rin daun

Está muito quente
It's really hot
its rí-li rrót

Está ensolarado
It's sunny
its sâ-ni

Está frio
It's cold
its coud

AJUDA, PROBLEMAS

Poderia me ajudar?
Can you help me?
kén iu rrelp mi

Não compreendo
I don't understand
ai don ân-ders-ténd

O (A) senhor (a) fala português/inglês/francês/alemão?
Do you speak Portuguese/English/French/German?
du iu spík pór-tiu-guiz/in-glich/fréntch/djêr-man

Alguém aqui fala português?
Does anyone here speak Portuguese?
dâs eni-uân rri-êr spík pór-tiu-guiz

Não falo inglês
I can't speak English
ai ként spík in-glich

Não sei
I don't know
ai don nôu

Qual é o problema?
What's wrong?
uóts rong

Por favor, fale mais devagar
Please, speak more slowly
plíz, spík mór slôu-li

Por favor, escreva isso para mim
Please write it down for me
plíz rait it daun fór mi

Eu me perdi
I've lost my way
aiv lóst mai uei

Vá embora!
Go away!
gou au-êi

CONVERSAS COM RECEPCIONISTAS

Tenho uma reunião com …
I have an appointment with …
ai rrev ân a-pói-ment uif

Gostaria de ver …
I'd like to see …
aid laik tu si

Aqui está meu cartão
Here's my card
rri-êr iz mai kârd

Sou da empresa …
My company is …
mai kom-pa-ni is

Posso usar seu telefone?
May I use your phone?
mei ai iuz iór fôu-ne

EXPRESSÕES QUE VOCÊ VAI ENCONTRAR

admission free	entrada grátis
busy	ocupado
closed	fechado
closed for holiday period	fechado para férias
drinking water	água potável
emergency exit	saída de emergência
exit, way out	saída
first floor	primeiro andar
forbidden	proibido

→

for rent	aluga-se
for sale	vende-se
gents	senhores, cavalheiros
ground floor	andar térreo
ladies	senhoras, damas
lift, elevator	elevador
no admittance	entrada proibida
open	aberto
opening hours	horário de funcionamento
please do not ...	proibido ...
public holidays	feriados
pull	puxar
push	empurrar
reserved	reservado
road	estrada
sale	liquidação
sales	liquidações, saldos
snack bar	bar, lanchonete
street	rua
till, cash point	caixa
toilets	sanitários, banheiros
tourist information	informação turística
vacant, free	livre
visiting hours	horário de visitas
way in, entrance	entrada
wet paint	pintura fresca
working days	dias úteis

PALAVRAS E FRASES QUE VOCÊ VAI OUVIR

come in!	entre!
exactly	exatamente
excuse me	desculpe-me
good, fine	bem, bom
goodbye	até logo
have a nice trip!	boa viagem!
hello!, cheerio (ING)!	olá!
help yourself	sirva-se o (a) senhor (a) mesmo (a)
here you are!	aqui está!
hi!	oi!
how are things?	como vão as coisas?
how are you?	como vai/vão?
how do you do?	como vai/vão?
I don't know	não sei
I don't understand	não compreendo
I'm so sorry!	sinto muito!
look out!, attention!	cuidado!, atenção!
nice to meet you	prazer em conhecê-lo (a)
pardon?	como?, perdão?
really?	verdade?
see you later	até mais tarde
thanks	obrigado (a)
thank you, the same to you	obrigado (a), igualmente
thank you very much	muito obrigado (a)
that's right	está bem
very well, thank you – and you?	muito bem, obrigado (a) – e o (a) senhor (a)?
what did you say?	o que disse?
yes	sim
you're welcome, don't mention it, please	de nada, não há de quê, não por isso

COLOQUIALISMOS

Talvez você ouça coisas assim. Pode ser arriscado você mesmo usá-las!

bloke	sujeito, "cara"
bloody hell! (ING)	que droga de vida!
brilliant!	fantástico!, maravilhoso!
by God!	por Deus!
cracked, nutty	maluco, doido
cursed	maldito
damn!	droga!, maldição!
do as you please!, please, do!	então faça (como quiser)!
freak	doido
get lost!	suma!, dê o fora!
get out of the way!	saia do caminho!
gosh!	por Deus!
go to hell!	vá para o diabo/inferno!
hurry up!	mexa-se!, apresse-se!
I can't believe it!	não acredito nisso!
idiot, fool	cretino, idiota
I don't believe it!	não acredito
it's awful!	é horrível!
it's disgusting!	que nojo!
it serves you right!	você merece!
just try!	experimente!
my God!	meu Deus!
really?	é mesmo?
scram!	desapareça!
shut up!	cala a boca!
so much the better	melhor assim
so what?	e daí?
thank God!	graças a Deus!
that's fine!, it's OK!	tudo bem!
watch out!	cuidado!
you must be crazy!	você está louco!

DIAS, MESES, ESTAÇÕES

domingo	Sunday	_sân_-dei
segunda-feira	Monday	_mân_-dei
terça-feira	Tuesday	_túz_-dei
quarta-feira	Wednesday	_uê_-niz-dei
quinta-feira	Thursday	_fêrz_-dei
sexta-feira	Friday	_frái_-dei
sábado	Saturday	_sá_-têr-dei
janeiro	January	_djá_-niu-a-ri
fevereiro	February	_fé_-bru-a-ri
março	March	maartch
abril	April	_êi_-pril
maio	May	mêi
junho	June	djun
julho	July	dju-_lái_
agosto	August	_ó_-gust
setembro	September	sep-_têm_-ber
outubro	October	oc-_tôu_-ber
novembro	November	no-_vém_-ber
dezembro	December	di-_cém_-ber
primavera	Spring	spríng
verão	Summer	_sâ_-mer
outono	Fall/Autumn (ING)	fól/_ó_-tun
inverno	Winter	_uín_-ter
Natal	Christmas	_kríst_-mas
Noite de Natal	Christmas Eve	_kríst_-mas ív
Sexta da Paixão	Good Friday	gud _frái_-dei
Páscoa	Easter	_ís_-ter
Ano-Novo	New Year	níu _í-er_
Véspera de Ano-Novo	New Year's Eve	níu í-ers ív
Pentecostes	Whitsun	_uít_-sân

NÚMEROS

0 zero _zí-rou_
1 one _uán_
2 two _tú_
3 three _frí_
4 four _fór_
5 five _faiv_
6 six _siks_
7 seven _sé-ven_
8 eight _êit_
9 nine _náin_

10 ten _tén_
11 eleven _i-lé-ven_
12 twelve _tuélv_
13 thirteen _fêr-tín_
14 fourteen _fór-tín_
15 fifteen _fêf-tín_
16 sixteen _siks-tín_
17 seventeen _sé-ven-tín_
18 eighteen _êi-tín_
19 nineteen _náin-tín_

20 twenty _tu-én-ti_
21 twenty-one _tu-én-ti uán_
22 twenty-two _tu-én-ti tú_
30 thirty _fâr-ti_
31 thirty-one _fâr-ti uán_
32 thirty-two _fâr-ti tú_
40 forty _fór-ti_
50 fifty _fíf-ti_
60 sixty _siks-ti_
70 seventy _sé-ven-ti_
80 eighty _êi-ti_
90 ninety _náin-ti_
100 one hundred _uán rrân-drêd_
110 one hundred and ten _uán rrân-dred end tên_
200 two hundred _tú rrân-dred_
1.000 one thousand _uán fáu-zand_
10.000 ten thousand _tên fáu-zand_
20.000 twenty thousand _tu-én-ti fáu-zand_
50.000 fifty thousand _fíf-ti fáu-zand_
54.250 fifty four thousand two hundred and fifty
    fíf-ti fór fáu-zand tú rrân-dred end fíf-ti
100.000 one hundred thousand _uán rrân-dred fáu-zand_
1.000.000 one million _uán mí-li-en_

TEMPO

hoje	today	tú-_dei_
ontem	yesterday	i-_és_-têr-dei
amanhã	tomorrow	tú-_mó_-rou
antes de ontem	the day before yesterday	de dei bi-_fór_ i-_és_-têr-dei
depois de amanhã	the day after tomorrow	de dei _ef_-ter tú-_mó_-rou
esta semana	this week	dis _uík_
semana passada	last week	_lést_ uík
semana que vem	next week	_nékst_ uík
esta manhã	this morning	dis _mór_-nin
esta tarde	this afternoon	dis ef-ter-_nún_
esta noite	this evening	dis _í_-vi-nin
hoje à noite	tonight	tu-_náit_
ontem à tarde	yesterday afternoon	i-_és_-têr-dei ef-ter-_nún_
ontem à noite	last night	lést _náit_
amanhã de manhã	tomorrow morning	tú-_mó_-rou _mór_-nin
amanhã à noite	tomorrow night	tú-_mó_-rou _náit_
daqui a três dias	in three days	in _frí_ deis
há três dias	three days ago	_frí_ deis a-_gôu_
tarde	late	leit
cedo	early	_êr_-li
logo	soon	sun
mais tarde	later on	_lei_-têr ón
neste momento	at the moment	ét de _mó_-ment
um segundo	a second	a _sé_-kond
um minuto	a minute	a _mí_-nât
dois minutos	two minutes	tú _mí_-nâts
15 minutos	a quarter of one hour	a _kuar_-têr óv uân _áu_-êr
meia hora	half an hour	rréf an _áu_-êr
45 minutos	three quarters of one hour	_frí_ kuar-têrs óv uân _áu_-êr

20

uma hora	one hour	_uân áu-êr_
um dia	a day	_a dei_
uma semana	a week	_a uík_
15 dias,	fortnight,	_fórt náit, tú uíks_
duas semanas	two weeks	
um mês	a month	_a mânf_
um ano	a year	_a í-er_
aquele dia	that day	_dét dei_
todos os dias	every day	_é-vri dei_
o dia todo	all day long	_ól dei lon_
no dia seguinte	the next day	_de nékst dei_

Como Dizer as Horas

Tanto nos Estados Unidos como na Inglaterra a indicação de tempo com o uso das 24 horas é comum. Mas há um outro sistema que divide o dia em dois períodos, definidos pelas siglas **a.m.** (_ante meridiem_, 'antes do meio-dia') e **p.m.** (_post meridiem_, 'depois do meio-dia até a meia-noite'). Para dizer '5h da tarde' ou '17h' fala-se **five p.m.**; '2h da madrugada', **two a.m.**

Pergunta-se 'Que horas são?' da seguinte maneira: **What time is it?** Para se referir a horas inteiras, usa-se a expressão **o'clock**; a resposta é dada habitualmente desse modo: **It is nine o'clock** ('São 9h'), **It is five o'clock** ('São 5h').

Para expressar os minutos que faltam para a hora de referência, usa-se **to** ('para'): desse modo, **ten to four** significa '3h50'.

A palavra **past** (que quer dizer 'passado') é empregada para expressar os minutos decorridos após a hora de referência; assim, diz-se **twenty minutes past nine** ('9h20'). O uso da palavra **minutes** ('minutos') é opcional, como em português: **five minutes past two** ('duas e cinco minutos') ou **five past two** ('duas e cinco').

Para indicar a meia hora exata emprega-se a palavra **half** ('meio, meia'): **half past nine** corresponde a '9h30'. A expressão usada para 'quinze minutos' ou 'um quarto de hora' é **a quarter**; assim, tem-se por exemplo **a quarter past nine** ('9h15') e **a quarter to nine** ('8h45').

Para expressar um horário de forma abreviada, utiliza-se apenas a preposição **at**, sem incluir o artigo: por exemplo, **at five** ('às 5h ou 17h').

que horas são?	what time is it?	*uót táim is it*
é 1h	it's one o'clock	*its uán ou-klók*
são 2h/3h/4h	it's two/three/ four o'clock	*its tú/fri/fór ou-klók*
1h10	ten past one	*tén pést uán*
1h15	quarter past one	*kuar-têr pést uán*
1h30	half past one	*rréf pést uán*
1h40	twenty to two	*tu-én-ti tu tú*
1h45	quarter to two	*kuar-têr tu tú*
2h	two o'clock	*tú ou-klók*
13h	one p.m.	*uán pi-ém*
16h30	half past four p.m.	*rréf pést fór pi-ém*
às 5h30	at half past five	*ét rréf pést faiv*
às 7h	at seven o'clock	*ét sé-ven ou-klók*
meio-dia	noon	*nun*
meia-noite	midnight	*mid-náit*

O Calendário

Diferentemente do português, para expressar os dias do mês em inglês usam-se os números ordinais. Com algumas exceções, para formá-los em geral basta acrescentar '**th**' ao final do número cardinal (página 19).

1/1º de maio	May first	*mêi fârst*
2 de abril	April second	*êi-pril sé-kond*
3 de junho	June third	*djun fârd*
4 de agosto	August fourth	*ó-gust fórz*
5 de maio	May fifth	*mêi fíft*
6 de abril	April sixth	*êi-pril sikst*
7 de junho	June seventh	*djun sé-venf*
9 de julho	July ninth	*dju-lái náiz*
20 de julho	July twentieth	*dju-lái tu-en-tief*

HOTÉIS

Os hotéis norte-americanos são divididos em cinco categorias (classificação por estrelas). Além deles, há uma imensa variedade de acomodações para turistas, para todos os bolsos e gostos. Você encontrará desde simples chalés de madeira a pensões, albergues da juventude (apesar do nome, não são restritos aos jovens), **homestays** – hotéis do tipo **bed and breakfast** (**B&B**), casas particulares que oferecem alojamento e café da manhã –, motéis (que nos EUA são baratos e respeitáveis) e **resorts** – complexos enormes, em geral à beira-mar e com instalações impecáveis.

O preço da diária pode variar muito, de acordo com a localização e a época do ano (na alta temporada, os preços costumam ficar de 30 a 50% mais altos). Informe-se sobre todas as opções de preço e faça reserva com antecedência. Quando for calcular os gastos com hospedagem, não se esqueça de incluir as despesas com os impostos municipais e estaduais, que variam de um local para outro. Em Nova York, por exemplo, podem chegar a 16,25%.

Na Inglaterra, a classificação por coroas (**crowns**) corresponde às estrelas do Brasil. Além dos hotéis convencionais e estalagens (**coaching inns**), há os **country-house hotels** – hotéis montados em casas nobres rurais –, hotéis do tipo **B&B**, casas particulares (**wolsey lodges**), motéis (respeitáveis) e casas de fazenda.

Palavras e Frases Úteis

almoço	lunch	_lântch_
alojamento e café da manhã	bed and breakfast	_béd end <u>brék</u>-fest_
apartamento	room	_rúm_
banheira	bath (tub)	_béf (tâb)_
banheiro	bathroom	<u>_béf_</u>_-rúm_
café da manhã	breakfast	<u>_brék_</u>_-fest_
cama	bed	_béd_
cama de casal	double bed	<u>_dâ_</u>_-bou <u>béd</u>_
cama de solteiro	single bed	<u>_sin_</u>_-gou <u>béd</u>_

camareira	maid	*meid*
chave	key	*ki*
chuveiro	shower	*chau-er*
conta	bill	*bil*
elevador	lift, elevator	*lift, e-le-vêi-târ*
estacionamento	car park, parking lot	*kar park, par-kin lót*
fatura, recibo	receipt	*re-sipt*
gerente	manager	*mé-nâ-ger*
hall de entrada	lobby/foyer (ING)	*ló-bi/fói-er*
hotel	hotel	*rrou-tel*
jantar	dinner	*di-ner*
meia pensão	half board	*rref bórd*
pensão	guesthouse	*guést rraus*
pensão completa	full board	*fúl bórd*
pensão familiar	bed and breakfast hotel	*béd end brék-fest rrou-tel*
pia	sink/washbasin (ING)	*sink/uóch-bei-zin*
quarto	bedroom	*béd-rúm*
quarto com duas camas	twin room	*tuên rúm*
quarto duplo	double room	*dâ-bou rúm*
quarto para uma pessoa	single room	*sin-gou rúm*
recepção	reception	*re-sé-pchân*
recepcionista	receptionist	*re-sé-pchio-nist*
restaurante	restaurant	*rést-rânt*
sacada	balcony	*bal-ko-ni*
saguão	lounge	*laundj*
sala de jantar	dining room	*dai-nin rúm*
sanitário	toilet	*toi-let*
serviço de quarto	room service	*rúm sêr-vis*

Vocês têm vagas?
Do you have any vacancies?
du iu rrev eni vei-kân-sis

Fiz uma reserva
I have a reservation
ai rrev a re-zer-vei-chiân

Eu gostaria de um quarto para uma pessoa
I'd like a single room
aid laik a sin-gou rúm

Eu gostaria de um quarto com banheiro/sacada
I'd like a room with a bathroom/balcony
aid laik a rúm uiv a béf-rúm/bal-ko-ni

Eu gostaria de um quarto para uma/três noites
I'd like a room for one night/three nights
aid laik a rúm fór uân náit/frí náits

Qual o preço por noite?
What is the charge per night?
uót iz di tchardj pãr náit

Ainda não sei quanto tempo vou ficar
I don't know yet how long I'll stay
ai don nou iét rrau long au stei

A que horas é o café da manhã/jantar?
When is breakfast/dinner?
uen iz brék-fest/di-ner

Por favor, acorde-me às 7h
Please wake me at seven o'clock
plíz ueik mi ét sé-ven ou-klók

Podem servir o café da manhã em meu quarto?
Can I have breakfast in my room?
kén ai rrev brék-fest in mai rúm

Eu gostaria de usar o serviço de lavanderia
I'd like to have some laundry done
aid laik tu rrev sãm laun-dri dãn

Voltarei às 10h
I'll be back at ten o'clock
au bi bék ét ten ou-klók

O número do meu quarto é 205
My room number is two zero five/two hundred and five
mai rúm nâm-ber is tú ou faiv/tu rrân-dred end faiv

Eu reservei um quarto duplo
I've booked a double room
aiv bukd a dâ-bou rúm

Pedi um quarto com banheiro
I asked for a room with an en suite bathroom
ai éskt fór a rúm uiv an en-suit béf-rúm

Não há papel higiênico no banheiro
There is no toilet paper in the bathroom
dér iz nou tói-let pei-per in de béf-rúm

A janela não abre
The window won't open
de uín-dou uont ou-pen

O elevador/chuveiro não está funcionando
The lift/shower isn't working
de lift/chau-er izant uor-kin

Não há água quente
There isn't any hot water
dér izant eni rót uó-ter

A tomada do banheiro não funciona
The socket in the bathroom doesn't work
de só-ket in de béf-rúm dâ-zant uork

Vou embora amanhã
I'm leaving tomorrow
aim li-vin tu-mó-rou

A que horas devo desocupar o quarto?
When do I have to liberate the room?
uen du ai rrev tu li-be-reit de rúm

Minha conta, por favor?
Can I have the bill, please?
kén ai rrev de bil, plíz

Vou pagar com cartão de crédito
I'll pay by credit card
au pei bai kre-dit kard

Vou pagar em dinheiro
I'll pay cash
au pei kéch

Pode chamar um táxi, por favor?
Can you get me a taxi, please?
kén iu guét mi a té-ksi, plíz

Pode me recomendar outro hotel?
Can you recommend another hotel?
kén iu ri-ko-mend a-nó-der rrou-tél

EXPRESSÕES QUE VOCÊ VAI ENCONTRAR

bathroom	banheiro
bed and breakfast	alojamento e café da manhã
bill, check	conta
breakfast	café da manhã
car park, parking lot	estacionamento
dinner	jantar
double room	quarto duplo
emergency exit	saída de emergência
entrance, way in	entrada
first floor	primeiro andar
full board	pensão completa
ground floor	andar térreo

→

27

guesthouse	pensão
half board	meia pensão
hotel	hotel
key	chave
lift	elevador
lounge	saguão
lunch	almoço
no vacancies	não há vagas, lotado
parking reserved for hotel guests only	estacionamento reservado aos hóspedes
pull	puxe
push	empurre
reservation	reserva
shower	chuveiro
single room	quarto para uma pessoa
stairs	escadas
twin room	quarto com duas camas

FRASES QUE VOCÊ VAI OUVIR

I'm sorry, we're full
Sinto muito, (o estabelecimento) está lotado

There are no single/double rooms left
Não temos mais quartos para uma pessoa/duplos

For how many nights?
Para quantas noites?

How will you be paying?
Como deseja pagar?

Please pay in advance
Por favor, pague adiantado

You must vacate the room by midday
O senhor deve liberar o quarto antes do meio-dia

CAMPING E TRAILERS

Existe um grande número de campings espalhados pelos EUA, desde os mais básicos, que às vezes nem oferecem água corrente, até os mais luxuosos, com piscinas, restaurantes, lojas e barcos para alugar. Há preferência pelo uso de trailers, mas todas as áreas de camping também têm espaço para barracas. Os parques estaduais cobram uma taxa diária de US$ 10 a US$ 25 por lugar ocupado; nos campings particulares, esse valor pode chegar a US$ 40. Entre em contato com o **Department of Environmental Protection, Parks and Recreation** para conseguir uma lista dos parques estaduais com camping nos EUA.

Há muitos albergues da juventude disponíveis nos EUA. Consulte a **Hostelling International – American Youth Hostels** para obter uma lista de todos os albergues associados, ou procure uma das associações de albergues da juventude no Brasil.

Na Inglaterra, há uma boa opção de campings e locais para trailers e **motorhomes** (espécie de ônibus-casa), em geral abertos da Páscoa até outubro. Durante o verão, eles lotam rapidamente, por isso convém reservar antes. O **Caravan Club** e o **Camping and Caravanning Club** podem lhe dar toda a orientação necessária.

Para obter mais informações, no Brasil, sobre os campings norte-americanos ou ingleses, ligue para o Camping Clube do Brasil.

PALAVRAS E FRASES ÚTEIS

água potável	drinking water	<u>drin</u>-kin <u>uó</u>-ter
albergue da juventude	youth hostel	iuf <u>rrós</u>-tel
área de camping	campsite	<u>kémp</u>-sait
área de trailers	caravan site	<u>ke</u>-re-vân sait
balde	bucket	<u>bâ</u>-ket
cama dobrável	camp cot, camp bed	<u>kémp</u> kót, <u>kémp</u> béd
carvão	charcoal	char-<u>kol</u>
corda	rope	roup
fichas	tokens	<u>tou</u>-kens
fogueira	bonfire	<u>bon</u>-fai-er

29

ir acampar	go camping	gou _kém_-pin
lixo	garbage/rubbish (ING)	_gar_-bedj/_râ_-bich
lona impermeável	ground sheet	graund _chiit_
mochila	backpack/rucksack (ING)	_bék_-pék/_râk_-sék
panelas	saucepans	_sóus_-pans
pegar carona	hitchhike	_rritch_-rraik
rede	hammock	_rré_-mók
saco de dormir	sleeping bag	_sli_-pin _bég_
tenda	tent	tent
trailer	trailer/caravan (ING)	_trêi_-ler/_ke_-re-vân
utensílios de cozinha	cooking utensils	_ku_-kin iu-_ten_-sils

Posso acampar aqui?
Can I camp here?
kén ai _kémp_ _rri_-êr

Podemos estacionar o trailer aqui?
Can we park the trailer here?
kén uí _park_ de _trêi_-ler _rri_-êr

Onde fica o camping mais próximo?
Where is the nearest campsite/caravan site?
uér is de ni-erst _kémp_-sait/_ke_-re-vân sait

Qual é a taxa por noite?
What is the charge per night?
uót is de _tchardj_ pār _náit_

Quero ficar apenas uma noite
I only want to stay for one night
ai _on_-li uânt tu _stei_ fór _uân_ náit

Quanto custa por uma semana?
How much is it for a week?
rrau mâtch _is_ it fór a _uík_

Vamos embora amanhã
We're leaving tomorrow
uír _lí_-vin tu-_mó_-rou

Onde fica a cozinha?
Where is the kitchen?
uér is de ki-tchen

Posso acender o fogo aqui?
Can I light a fire here?
kén ai lait a fai-er rri-êr

Posso conseguir algumas fichas para o chuveiro?
Can I have some tokens for the shower?
kén ai rrev sâm tou-kens fór de chau-er

Onde posso conseguir ...?
Where can I get ...?
uér kén ai guét

Há água potável?
Is there any drinking water?
is dér eni drin-kin uó-ter

EXPRESSÕES QUE VOCÊ VAI ENCONTRAR

campsite	área de camping e/ou trailers
charge	tarifa, taxa
drinking water	água potável
kitchen	cozinha
no campfires	proibido acender o fogo
no camping	proibido acampar
per person	por pessoa
showers	chuveiros
tent	tenda, barraca
toilets	banheiros
trailer	reboque
trailer/caravan (ING)	trailer
youth hostel	albergue da juventude

FLATS E APARTAMENTOS

Nos EUA, você pode alugar um flat (pequeno apartamento mobiliado) ou um apartamento em uma corretora imobiliária. Cada cidade possui pelo menos uma agência especializada em alugar imóveis para as férias.

Os **condos** (condomínios) são conjuntos de apartamentos existentes sobretudo nas cidades de praia. O aluguel de um apartamento desses, ainda que pareça caro, pode ser uma boa opção para famílias grandes. Convém fazer reservas com um mês de antecedência; você precisará deixar um depósito como garantia. Essa importância será devolvida no final da locação.

Para não ter surpresas na hora de acertar as contas, pergunte se o preço do aluguel engloba custos como de eletricidade e gás. Solicite também uma relação dos objetos existentes nas dependências do imóvel, pois é melhor fazer isso do que ouvir, na hora da saída, que algo está faltando.

Na Inglaterra, os **self-catering** – casas ou apartamentos alugados por curtos períodos – são uma ótima opção para quem prefere ficar num local com maior privacidade, viaja com crianças ou não quer gastar muito. Os escritórios de informação turística têm listas completas e atualizadas e podem fazer a reserva do imóvel.

Palavras e Frases Úteis

agente imobiliário	real estate agent/ estate agent (ING)	_ri-al es-teit ei-djent/ es-teit ei-djent_
água	water	_uó-ter_
aquecedor	heater	_rrí-têr_
aquecedor de água	water heater	_uó-ter rrí-têr_
aquecimento central	central heating	_sen-tral rrí-tin_
ar-condicionado	air-conditioner	_ér kon-di-chio-nêr_
banheira	bath (tub)	_béf (tâb)_
banheiro	bathroom	_béf rúm_
caixa de fusíveis	fusebox	_fiuz-bóks_
caldeira	boiler	_bói-lêr_
camareira	maid	_meid_

cano	pipe	*paip*
chaves	keys	*kis*
chuveiro	shower	*<u>chau</u>-er*
cozinha	kitchen	*<u>ki</u>-tchen*
depósito	deposit	*de-<u>pó</u>-zit*
descarga	flush	*flâch*
dormitório	bedroom	*<u>béd</u>-rúm*
edredom	duvet/continental quilt (ING)	*djiu-<u>vei</u>/kon-ti-<u>nen</u>-tal <u>kilt</u>*
eletricidade	electricity	*e-lék-<u>tri</u>-si-ti*
eletricista	electrician	*e-lék-<u>tri</u>-chan*
empregado (a)	cleaner	*<u>kli</u>-nêr*
encanador	plumber	*<u>plân</u>-bêr*
entupido	clogged	*klógd*
escova	brush	*brâch*
fechadura	door lock, lock	*<u>dór</u>-lók, <u>lók</u>*
ferro de passar	iron	*<u>ai</u>-ron*
fogão	stove/cooker (ING)	*stouv/<u>ku</u>-kêr*
forno	oven	*<u>ou</u>-vân*
fronha de travesseiro	pillow slip	*<u>pi</u>-lou slip*
gás	gas	*gués*
geladeira	fridge, refrigerator	*fridj, re-fri-dje-<u>rei</u>-târ*
grelha	grill	*gril*
lata de lixo	garbage can, trash can/dustbin (ING)	*<u>gar</u>-badj kén, <u>tréch</u>-kén/<u>dâst</u>-bin*
lençóis	sheets	*chíits*
luz	light	*lait*
máquina de lavar roupa	washing machine	*<u>uó</u>-chin ma-<u>chin</u>*
pia	sink	*sink*
piscina	swimming pool	*su-<u>i</u>-min <u>pul</u>*
privada	toilet	*<u>tói</u>-let*
quebrado	broken	*<u>brou</u>-ken*
reembolso	refund	*ri-<u>fând</u>*
registro hidráulico	stopcock	*stóp-<u>kók</u>*
sala de estar	living room	*<u>li</u>-vin <u>rúm</u>*

sala de jantar	dining room	*dai*-nin *rúm*
tábua de passar roupa	ironing board	*ai*-rou-nin *bórd*
toalha	towel	*tau*-el
torneira	faucet/tap (ING)	*fó*-sit/*tép*
travesseiro	pillow	*pi*-lou
vazamento	leak	*liik*
zelador (a)	janitor/caretaker (ING)	*djé*-ni-tor/*kér*-*tei*-ker

Eu gostaria de alugar um apartamento por ... dias
I'd like to rent an apartment for ... days
aid laik tu rent an a-part-ment fór... deis

Preciso fazer um depósito?
Do I have to pay a deposit?
du ai rrev tu pei a de-pó-zit

O gás e a eletricidade estão inclusos no preço?
Does the price include gas and electricity?
dâs de prais in-klud gués end e-lék-tri-si-ti

Onde está este item?
Where is this item?
uér iz dis ai-tem

Por favor, retire-o da relação
Please take it off the inventory
plíz teik it of de in-ven-tri

Quebramos isto
We've broken this
uív brou-kân dis

Isso estava quebrado quando chegamos
This was broken when we arrived
dis uós brou-kân uen uí a-raivd

Isso faltava quando chegamos
This was missing when we arrived
dis uós mis-sin uen uí a-raivd

Pode me devolver o depósito?
Can I have my deposit back?
kén ai rrev mai de-pó-zit bék

Pode colocar outra cama para nós?
Can we have an extra bed?
kén uí rrev an éks-tra béd

Pode colocar mais pratos e copos/talheres para nós?
Can we have more earthenware/cutlery?
kén uí rrev mór âr-fen-uér/kâ-tlâ-ri

Quando vem a camareira?
When does the maid come?
uen dâs de meid kâm

Onde eu posso comprar/encontrar ...?
Where can I buy/find ...?
uér kén ai bai/faind

Como funciona o aquecedor de água?
How does the water heater work?
rrau dâs de uó-ter rri-ter uork

A senhora sabe passar a ferro/tomar conta das crianças?
Do you do ironing/baby-sitting?
du iu du ai-rou-nin/beib si-tin

A senhora prepara o almoço/jantar?
Do you prepare lunch/dinner?
du iu pri-pér lântch/di-ner

Deve-se pagar à parte ou está incluído no preço?
Do we have to pay extra or is it included?
du uí rrev tu pei eks-tra or is it in-klu-did

O chuveiro não funciona
The shower doesn't work
de chau-er dâ-zânt uôrk

A pia está entupida
The sink is clogged
de sink is klógd

A pia/privada está vazando
The sink/toilet is leaking
de sink/tói-let is lii-kin

Há um encanamento quebrado
There's a burst pipe
dérz a bârst paip

Há uma semana não recolhem o lixo
The trash has not been collected for a week
de tréch rres nót bin ko-lék-ted fór a uík

Falta luz/gás/água
There's no electricity/gas/water
dérz nou e-lék-tri-si-ti/gués/uó-ter

Pode consertá-lo hoje?
Can you mend it today?
kén iu mend it tu-dei

Mande a conta para ...
Send the bill to ...
send de bil tu

Estou em ...
I'm staying at ...
aim stein ét

Obrigado (a) por tudo!
Thank you for everything!
fênk iu fór é-vri-fin

Até o próximo ano!
See you again next year!
si iu a-guein nékst í-er

NO CARRO

Viajar de carro pelos EUA é uma excelente opção para quem dispõe de tempo e prefere não se ater aos rígidos roteiros dos pacotes turísticos e excursões. O país possui uma ampla malha viária, com excelentes rodovias (**expressways** ou **freeways**) às quais só se tem acesso em ligações (**junctions**) e saídas específicas: as **US Highways** (rodovias federais), as **Interstate Highways** (rodovias interestaduais), as **State Roads** (rodovias estaduais) e as **County Roads** (rodovias municipais). Muitas destas cobram pedágio, com taxa que varia de acordo com a distância percorrida.

A idade mínima para alugar um carro é 25 anos, mas o limite de idade pode variar de um estado para outro. Exige-se carteira de motorista brasileira (ou internacional), passaporte e cartão de crédito – na falta deste, deve-se deixar um depósito em dinheiro. A locação é mais barata quando a reserva e o pagamento são feitos com antecedência (no Brasil). O contrato de locação deve ter a cláusula **Collision Damage Waiver** (**CDW**) ou **Loss Damage Waiver** (**LDW**), caso contrário você pagará por qualquer dano ao carro, mesmo que não tenha sido culpa sua. Na devolução do veículo, ele deve estar com o tanque cheio. Os carros de aluguel nos EUA costumam ter câmbio automático, mas algumas locadoras podem fornecer veículos com câmbio manual, se solicitadas.

Os limites de velocidade variam de um estado para outro; nas **highways**, por exemplo, costumam ser de 55-70 milhas por hora (88-112 km/h). Fique atento, pois a polícia rodoviária pode emitir multas de até US$ 150. Leve a sério a recomendação de não beber antes de dirigir. Você poderá receber uma multa de centenas de dólares e até ser preso se for apanhado com dosagem alcoólica acima da permitida.

Ao longo das rodovias existem **rest areas** (áreas de descanso), onde você poderá abastecer o carro, comprar guloseimas, usar o banheiro, telefonar etc. Se seu carro quebrar, pare no acostamento e espere pela polícia rodoviária. Nas estradas pode-se fazer uso dos telefones de emergência, dispostos a cada milha (cerca de 1,6 km). (Veja também EMERGÊNCIAS, na página 107.)

Na Inglaterra, alugar um carro é a melhor opção para quem tem tempo e deseja autonomia. Há agências de locação nos maiores aeroportos, nas estações de trem e no centro das cidades.

O grande desafio para o motorista brasileiro é a famosa 'mão inglesa': os veículos andam pela esquerda, e todas as estradas, entroncamentos (**junctions**) e rotatórias (**roundabouts**) seguem essa lógica, contrária à nossa. Além disso, no carro o volante fica do lado direito, e o câmbio é manejado com a mão esquerda.

O turista brasileiro pode dirigir na Inglaterra com sua carteira de motorista brasileira se for ficar, no máximo, 12 meses.

A malha rodoviária do país é ampla, com **motorways** (rodovias), **A Roads** (estradas principais) e **B Roads** (secundárias). Numa emergência, ligue para a **AA** (**Automobile Association**), o **RAC** (**Royal Automobile Club**) ou o **National Breakdown**.

Tanto nos EUA como na Inglaterra, usa-se o galão (**gallon**) como medida de capacidade, mas há diferença: o galão americano é igual a cerca de 3,7 litros; o inglês equivale a cerca de 4,5 litros.

AVISOS DE TRÂNSITO/ESTRADA

automatic speed monitor	velocidade controlada por radar
blind alley	via sem saída
customs	alfândega
cycle track	faixa para ciclistas
danger	perigo
dangerous junction, crossroads	cruzamento perigoso
ditch	vala
diversion	desvio
downtown/town centre (ING)	cidade, centro comercial
end of motorway (ING)	fim de rodovia
falling rocks	deslizamentos
fog	neblina
headlights on	acender faróis
ice	gelo

→

ice on road	gelo na pista
junction	cruzamento
main road	estrada principal
motorway (ING)	rodovia
no entry	entrada proibida
no parking	proibido estacionar
no stopping	proibido parar
no throughfare	passagem proibida
no trespassing	proibido ultrapassar
one way	mão única
parking area	área de estacionamento
parking on alternate days	estacionamento em dias alternados
pay here	pagar aqui
paying car-park	estacionamento pago
pedestrian precinct	rua só para pedestres
pedestrians	pedestres
reduce speed	reduzir velocidade
restricted traffic area	zona de tráfego restrito
roadworks	obras
route for heavy vehicles	via para veículos pesados
school	escola
secondary road	estrada secundária
slippery road	pista escorregadia
soft verge	plataforma não transitável
subway	passagem subterrânea
toll	pedágio
tourist information	informações turísticas
traffic queues ahead	filas adiante
two-lane traffic	formar duas filas
unattended car park	estacionamento sem manobrista
vallet parking/car park with attendant (ING)	estacionamento com manobrista
watch out, caution	atenção, cuidado
works exit	saída de caminhões

PALAVRAS E FRASES ÚTEIS

anel rodoviário	motorway junction	_mó-tor-uei_ _djânk_-chan
avaria, defeito	breakdown	_breik_-daun
caixa de câmbio	gear box	_djir_-bóks
câmbio automático	automatic	au-to-_mé_-tik
câmbio manual	manual	_mé_-niu-al
caminhão	truck/lorry (ING)	trâk/_ló_-ri
cano de escapamento	exhaust	eks-_zóst_
capô	hood/bonnet (ING)	ruud/_bó_-net
carro	car	kar
carteira de habilitação	driver's licence	_drai_-vêrs _lai_-sens
cinto de segurança	seat belt	_siit_ bélt
correia do ventilador	fanbelt	_fân_-bélt
cruzamento	crossroads	_krós_-rouds
dirigir	drive	draiv
embreagem	clutch	klâtch
espelho	mirror	_mi_-rou
estacionamento	car park, parking lot	_kar_-park, _par_-kin lót
estrada	road	roud
faróis	headlights	_rréd_-laits
freio	brake	breik
furgão	van	vén
gasolina	gas/petrol (ING)	gués/_pe_-trâl
limite de velocidade	speed limit	spid _li_-mit
limpador de para-brisa	windshield wiper/ windscreen wiper (ING)	_uind_-child _uai_-pêr/ _uind_-skrin _uai_-pêr
luzes traseiras	rear lights	riâr laits
marcha	gear	_dji_-ar
motocicleta	motorbike	_mo_-tor-baik
motor	engine	_en_-djin
oficina mecânica	garage	gâ-_radj_
para-brisa	windshield/ windscreen (ING)	_uind_-child/ _uind_-skrin
peças sobressalentes	spares	spérs

placa	license plate/ numberplate (ING)	*lai*-sens pleit/ *nâm*-ber-pleit
pneu	tyre	*tái*-er
porta-malas	trunk/boot (ING)	trânk/buut
posto de gasolina	gas station/ petrol station (ING)	gués *stei*-chân/ *pe*-trâl *stei*-chân
reboque	trailer	*trêi*-ler
roda	wheel	uíl
rodovia	motorway	*mo*-tor-uei
semáforo	traffic lights	*tré*-fik *laits*
seta	turn signal/ indicator (ING)	târn *sai*-nâl/ in-di-*kei*-ter
trailer	trailer/caravan (ING)	*trêi*-ler/*ke*-re-vân
triângulo	warning triangle	*uór*-nin trai-*ân*-gou
vela de ignição	spark plug	spark plâg
velocidade	speed	spid
velocímetro	speedometer	spi-*do*-mi-ter
volante	steering wheel	*sti*-rin uíl

Poderia verificar o nível do óleo/da água, por favor?
Could you check the oil/water level, please?
*kuud iu *tchék* de ó-il/*uó*-ter *lé*-vel, plíz*

Encha o tanque, por favor!
Fill it up, please!
*fil it *âp*, plíz*

Coloque 8 galões (30 litros) de gasolina aditivada, por favor
I'd like eight gallons of four-star, please
*aid laik êit *gué*-lons ov *fór* star, plíz*

Faz consertos?
Do you do repairs?
*du iu *du* ri-*pérs**

Pode consertar a embreagem?
Can you repair the clutch?
*kén iu ri-*pér* de *klâtch**

Há algo errado com o motor
There is something wrong with the engine
dérz sâm-fin ron uiv di en-djin

O motor está esquentando muito
The engine is overheating
di en-djin is ou-vêr-rri-tin

Preciso de um pneu novo
I need a new tyre
ai nid a níu tái-er

Pode trocar isso?
Can you replace this?
kén iu ri-pleis dis

A seta não está funcionando
The turn signal is not working
de târn sai-nâl is nót uôr-kin

Quanto tempo demora?
How long will it take
rrau lon uil it teik

Onde posso estacionar?
Where can I park?
uér kén ai park

Gostaria de alugar um carro
I'd like to hire a car
aid laik tu rrai-êr a kar

Quero um carro com câmbio automático/manual
I'd like an automatic/a manual
aid laik an au-to-mé-tik/a mé-niu-al

Quanto custa por um dia?
How much is it for one day?
rrau mâtch is it fór uân dei

Há um adicional por quilometragem?
Is there a mileage charge?
is dér a mai-lidj tchardj

Quando devo devolvê-lo?
When do I have to return it?
uen du ai rrev tu ri-târn it

Onde fica o posto de gasolina mais próximo?
Where is the nearest gas station?
uér is de ni-êr-est gués stei-chân

Como eu chego a ...?
How do I get to ...?
rrau du ai guét tu

Esta é a estrada para ...?
Is this the road to ...?
is dis de roud tu

INDICAÇÕES QUE PODEM LHE DAR

corner	esquina
first on the right	a primeira à direita
go past the ...	depois de passar o/a ...
left	à esquerda
right	à direita
second on the left	a segunda à esquerda
straight on	sempre em frente
turn left	dobre à esquerda
turn right	dobre à direita

EXPRESSÕES QUE VOCÊ VAI ENCONTRAR

car wash	lava-rápido, lavagem automática
car wax	cera para carro

→

43

diesel	óleo diesel
diversion	desvio
drive at walking speed	dirigir em baixa velocidade
exit	saída
four-star gas/petrol (ING)	gasolina aditivada
garage (for repairs)	oficina mecânica
gas/petrol (ING)	gasolina
gas station/service station (ING)	posto de gasolina
motorway junction	anel rodoviário
motorway toll booth	pedágio
no smoking	proibido fumar
oil	óleo
pull	puxar
push	empurrar
screen wash	limpa-vidros
service area	área de serviço
switch off engine	desligar o motor
traffic queue	fila
two or three-star gas/petrol (ING)	gasolina comum
tyre repairs	borracheiro
unleaded gas/petrol (ING)	gasolina sem chumbo
vacuum cleaner	aspirador de pó
water	água

FRASES QUE VOCÊ VAI OUVIR

Would you like an automatic or a manual?
Quer um carro com câmbio automático ou manual?

May I see your (driver's) licence, please?
Sua carteira de motorista, por favor

May I see your passport, please?
Seu passaporte, por favor

MEIOS DE TRANSPORTE

Viagens Aéreas

Diversas empresas nacionais e estrangeiras fazem voos regulares do Brasil para as principais cidades norte-americanas. As agências de viagens costumam oferecer pacotes turísticos com preços de passagens mais em conta, mas faça a reserva com antecedência, sobretudo se você pretende viajar na alta temporada.

Viajar pelo país de avião faz parte do estilo de vida norte--americano. Os aeroportos de numerosas cidades são bem projetados, com sistema computadorizado de reserva e venda de passagens, balcões de informações, bancos, locadoras de carros e outras comodidades. A estrutura de tarifas de voos dentro dos EUA é complexa, pois há uma grande variedade de passes e sistemas de bônus oferecidos por muitas companhias aéreas. Os preços variam de acordo com a estação do ano. As tarifas mais caras são cobradas nos meses de verão e de férias, e nos feriados, como o Natal e o Dia de Ação de Graças.

Para ir à Inglaterra, além dos voos diretos para a Grã-Bretanha, operados por empresas nacionais e estrangeiras, há diversas opções de voos com conexão em alguma capital europeia.

Viagens Ferroviárias

O uso de ferrovias está diminuindo nos EUA, mas ainda existem conexões entre todas as principais cidades. A rede nacional para passageiros, a **Amtrak**, ainda opera linhas diretas de longa distância. Os passes de trem podem ser uma boa pedida, mas voar às vezes sai mais barato. Porém mais de duas viagens de trem já compensam a compra de um passe, que permite número ilimitado de viagens dentro de um certo período. Os passes são comprados nos guichês da **Amtrak**, que, a pedido, envia a tabela de horários para o usuário no Brasil.

Na Inglaterra, a **British Rail** é a rede ferroviária que cobre toda a Grã-Bretanha. Os trens **InterCity** são muito eficientes e com bom acesso às cidades menores, sobretudo perto de Londres.

Viagens Rodoviárias de Longo Curso

Os ônibus interestaduais da empresa norte-americana **Greyhound** cobrem o país inteiro. São a opção mais barata de transporte e oferecem um produto especial para turistas: o **Ameripass**. Cobrindo de 4 a 60 dias e custando de US$ 100 a US$ 500, o passe permite número ilimitado de viagens, mas só vale a pena para quem vai visitar muitos locais. Alguns serviços "expressos" de ônibus param em poucos locais; outros têm parada de cidade em cidade. Também há percursos com paradas a pedido, ou seja, os ônibus embarcam e desembarcam passageiros fora das estações. Neste caso, pague diretamente ao motorista.

Na Inglaterra, os **coaches** (ônibus de longa distância) são uma alternativa de viagem barata e confortável – porém lenta.

Ônibus de Curta Distância e Locais

Nos EUA, os ônibus entre cidades próximas, operados por administrações locais, são eficientes, mas a frequência é muito limitada para permitir passeios turísticos.

Nas principais cidades, os ônibus urbanos são mais úteis ao turista, e os que fazem o percurso entre os aeroportos e **dowtown** (centro comercial) são confiáveis. Eles só param nos pontos estabelecidos, indicados por avisos em vermelho, branco e azul, e tinta amarela no meio-fio. Atenção: nos EUA, os ônibus não possuem cobrador; procure ter dinheiro trocado ou bilhete para dar ao motorista. Em algumas cidades há ainda as opções dos **trolley buses** (ônibus elétricos) e dos **cable cars** (bondes), que, como em São Francisco, constituem uma atração à parte.

Na Inglaterra, os **buses** (ônibus municipais e intermunicipais) são baratos e eficientes, e pode ser divertido andar no **double--decker** (ônibus de dois andares). Na maioria deles não há cobrador; por isso, tenha sempre algumas moedas à mão.

Táxis e Barcos

Nos EUA, há um maior número de táxis (**cabs**) nos aeroportos, terminais de transporte público e hotéis. Alguns têm taxímetro e há a possibilidade de pagar com cartão de crédito, mas é melhor perguntar antes de embarcar. A gorjeta padrão é de 15%.

Muitas cidades costeiras, como as da Califórnia e da Flórida, oferecem serviços de barco, chamados de **water taxis**, e de **ferryboat**, que constituem uma alternativa bem em conta para se fazer pequenas travessias e evitar o trânsito na hora do rush.

Nas grandes cidades da Inglaterra é fácil encontrar táxi em pontos e em estações de trem. Dê preferência aos táxis licenciados, que exibem a placa acesa **For Hire** quando estão livres.

METRÔ

As grandes cidades norte-americanas, como Nova York, possuem metrô (**subway**), um meio de transporte rápido, barato e confiável. Quem nunca usou o sistema pode achá-lo confuso. Confira os mapas exibidos nas estações, que incluem um guia detalhado com os percursos e os horários de cada linha. O preço do bilhete de metrô (**token**) é sempre igual, não importa a distância.

Na Inglaterra, além de Londres (cuja rede é uma das maiores do mundo), apenas Glasgow e Newcastle têm sistema de metrô.

PALAVRAS E FRASES ÚTEIS

adulto	adult	*a-dált*
aeroporto	airport	*ér-port*
alfândega	customs	*kás-tâms*
assento na janela	window seat	*uín-dou sit*
assento no corredor	aisle seat	*ai-ou sit*
assento reservado	reserved seat	*ri-zâr-vid sit*
bagagem de mão	hand luggage	*rrend lâ-gâdj*
balcão de registro (aeroporto, hotel)	check-in counter, check-in desk	*tchek-in kaun-ter, tchek-in désk*
barco, balsa	boat	*bout*
bonde elétrico	cable car	*kei-bou kar*
carrinho de bagagens	luggage trolley	*lâ-gâdj tró-lei*

cartão de embarque	boarding card	_bór-din kard_
compartimento	compartment	_kom-part-ment_
conexão	connection	_ko-nék-chân_
criança	child	_tchai-eld_
cruzeiro	cruise	_kruz_
depósito de bagagens	left luggage office	_léft lá-gâdj ó-fis_
entrada	entrance	_en-trans_
estação	station	_stei-chân_
estação de ônibus	bus station	_bâs stei-chân_
estação terminal	terminus	_tér-mi-nâs_
ferrovia	railway	_reil uei_
ferryboat	ferryboat	_fé-ri bout_
fumantes	smoking	_smou-kin_
horário	timetable	_taim tei-bou_
internacional	international	_in-ter-né-chio-nal_
leito	couchette	_kou-chét_
mapa da cidade	city map/	_si-ti mép/_
	network map (ING)	_nét-uôrk mép_
metrô	subway/	_sâb-uei/_
	underground (ING)	_ân-der-graund_
nacional	domestic	_do-més-tik_
não fumantes	non-smoking	_non smou-kin_
número do voo	flight number	_flait nâm-ber_
ônibus	bus	_bâs_
ônibus de linha	bus/coach (ING)	_bâs/koutch_
ônibus do aeroporto	airport bus	_ér-port bâs_
ônibus elétrico	trolley bus	_tró-lei bâs_
ônibus número 5	number five bus	_nâm-ber faiv bâs_
passagem	ticket, fare	_ti-ket, fér_
passagem de ida	round-trip ticket,	_raund trip ti-ket,_
e volta	two way ticket/	_tú uêi ti-ket/_
	return ticket (ING)	_ri-târn ti-ket_
passagem só de ida	single ticket,	_sin-gou ti-ket,_
	one way ticket	_uân uêi ti-ket_
passaporte	passport	_pés-port_
plataforma	platform	_plé-tâ-form_

ponto de ônibus	bus stop	_bâs_ stóp
portão de embarque	gate	guêit
primeira classe	first class	_fârst_ klés
recolhimento de bagagens	baggage claim	_bé_-gâdj _kleim_
saída	exit	_ék_-zit
saída de emergência	emergency exit	i-_mêr_-gen-si _ék_-zit
sala de espera	departure lounge, waiting room	di-_par_-tiur laundj, _uei_-tim _rúm_
seção de achados e perdidos	lost and found/lost property office (ING)	_lóst_ end _fáund_/_lóst_ _pró_-pêr-ti _ó_-fis
segunda classe	second class	_sé_-kond _klés_
táxi	cab/taxi	kéb/_tê_-ksi
tíquete	ticket	_ti_-ket
trem	train	trein
vagão-leito	sleeper	_sli_-pêr
vagão-restaurante	restaurant car	_rêst_-rânt _kar_
venda de passagens	booking office	_bú_-kin _ó_-fis
voo	flight	flait

VIAGENS AÉREAS

Um assento na seção de não fumantes, por favor
I'd like a non-smoking seat, please
aid laik a non-smou-kin sit, plíz

Quero um assento junto à janela, por favor
I'd like a window seat, please
aid laik a uín-dou sit, plíz

Qual o atraso do voo para a partida?
How long will the flight be delayed?
rrau lon uil de flait bi di-leid

Qual o portão de embarque do voo para Nova York?
Which gate for the flight to New York?
uítch guêit fór de flait tu niu-iórk

TREM E ÔNIBUS

A que horas sai o trem/ônibus para Ohio?
When does the train/bus for Ohio leave?
uen dâs de <u>trein</u>/<u>bâs</u> fór ou-<u>rraiou</u> liiv

A que horas chega o trem/ônibus de Chicago?
When does the train/bus from Chicago arrive?
uen dâs de <u>trein</u>/<u>bâs</u> frôm tchi-<u>ká</u>-gou a-<u>raiv</u>

A que horas sai o próximo trem/ônibus para Washington?
When is the next train/bus to Washington?
uen is de nékst <u>trein</u>/<u>bâs</u> tu <u>uó</u>-chin-tân

A que horas sai o primeiro/último trem/ônibus para Tampa?
When is the first/last train/bus to Tampa?
uen is de fêrst/lást <u>trein</u>/<u>bâs</u> tu <u>tém</u>-pá

Quanto é a passagem para Seattle?
How much is the fare to Seattle?
rrau <u>mâtch</u> is de <u>fér</u> tu si-<u>é</u>-tou

Tenho de fazer baldeação?
Do I have to change/connect?
du ai <u>rrev</u> tu <u>tchendj</u>/ko-<u>nékt</u>

O trem/ônibus para em Dallas?
Does the train/bus stop at Dallas?
dâs de <u>trein</u>/<u>bâs</u> stóp ét <u>dá</u>-las

Quanto tempo se leva para chegar a Orlando?
How long does it take to get to Orlando?
rrau long dâs it <u>teik</u> tu <u>guét</u> tu ór-<u>lan</u>-dou

Onde posso comprar uma passagem?
Where can I buy a ticket?
uér kén ai bai a <u>ti</u>-ket

Uma passagem de ida/de ida e volta para Nova Orleans
A single/round trip ticket to New Orleans
a <u>sin</u>-gou/<u>raund</u> trip <u>ti</u>-ket tu niu <u>ór</u>-lins

Pode me ajudar a retirar uma passagem?
Could you help me get a ticket?
kuud iu *rrélp* mi *guét* a *ti*-ket

Tenho de pagar taxa adicional?
Do I have to pay a supplement?
du ai *rrev* tu *pei* a *su*-ple-ment

Quero reservar um assento
I'd like to reserve a seat
aid laik tu ri-*zêrv* a *sit*

Este é o trem/ônibus para Arizona?
Is this the right train/bus for Arizona
is dis de *rait* *trein*/*bâs* fór é-ri-*zou*-na

Esta é a plataforma do trem de Orlando?
Is this the right platform for the Orlando train?
is dis de *rait* *plé*-tâ-form fór de ór-*lan*-dou trein

RESPOSTAS QUE PODEM LHE DAR

The next train leaves at six p.m.
O próximo trem sai às 18h

Change/Connect at Denver
Faça a baldeação em Denver

You must pay a supplement
O senhor tem de pagar taxa adicional

There are no more seats available for Los Angeles
Não há mais lugares (assentos) para Los Angeles

Qual a plataforma do trem de Miami?
Which platform for the Miami train?
uítch plé-tã-form fór de mai-ã-mi trein

O trem/ônibus está atrasado?
Is the train/bus late?
iz de trein/bâs leit

Pode me ajudar com as malas, por favor?
Could you help me with my luggage, please?
kuud iu rrélp mi uiv mai lã-gâdj, plíz

Esta é uma área de não fumantes?
Is this a non-smoking compartment?
iz dis a non-smou-king kom-part-ment

Este assento está livre?
Is this seat free?
iz dis sit fri

Este assento está ocupado
This seat is taken
dis sit is tei-ken

Tenho reserva deste assento
I have reserved this seat
ai rrev ri-zâr-vid dis sit

Posso abrir/fechar a janela?
May I open/close the window?
mei ai ou-pen/klouz de uín-dou

A que horas chegamos a Tampa?
When do we arrive in Tampa?
uen du uí a-raiv in tém-pá

Que estação é esta?
What station is this?
uót stei-chân iz dis

Paramos em Atlanta?
Do we stop in Atlanta?
du uí _stóp_ in a-_tlen_-ta

Pode tomar conta de minhas coisas por um momento?
Would you keep an eye on my things for a moment?
uud iu _kip_ an _ai_ on mai _fings_ fór a _mou_-ment

Este trem tem vagão-restaurante?
Is there a restaurant car on this train?
*iz dér a _rést_-rânt _kar_ on dis _trein_*

TRANSPORTE PÚBLICO LOCAL

Onde fica a estação de metrô mais próxima?
Where is the nearest subway station?
uér iz de _ni_-êr-est _sâb_-uei _stei_-chân

Onde há um ponto de ônibus?
Where is the bus station?
uér iz de _bâs_ _stei_-chân

Que ônibus vai para Baltimore?
Wich buses go to Baltimore?
uítch _bâ_-ses _gou_ tu _ból_-ti-mór

De quanto em quanto tempo passam os ônibus para Detroit?
How often do the buses to Detroit run?
*rrau _ó_-fen du de _bâ_-ses tu di-_tróit_ _rân_*

Poderia me avisar quando chegarmos?
Will you let me know when we're there?
*uil iu _lét_ mi _nou_ uen _uíer_ _dér_*

Tenho de descer aqui?
Do I have to get off here?
du ai _rrev_ tu _guét_ of _rri_-êr

Como se vai para o Brooklin?
How do you get to Brooklin?
rrau du iu guét tu brú-klin

Quero ir para o Soho
I want to go to Soho
ai uânt tu gou tu so-rro

O senhor vai passar perto de Santa Monica?
Do you go near Santa Monica?
du iu gou ni-êr sén-ta mó-ni-ka

Táxi e Barco

Para o aeroporto, por favor
To the airport, please
tu di ér-port, plíz

Quanto vai custar?
How much will it cost?
rrau mâtch uil it kóst

Pare aqui, por favor
Please stop here
plíz stóp rri-êr

Pode me esperar aqui e me levar de volta?
Could you wait here for me and take me back?
kuud iu ueit rri-êr fór mi end teik mi bék

Onde eu posso pegar um barco para Alcatraz?
Where can I get the boat to Alcatraz?
uér kén ai guét de bout tu ól-ka-tras

Expressões que Você Vai Encontrar

arrivals	chegadas
baggage claim	retirada de bagagens
baggage control	controle de bagagens
baggage terminal	terminal de bagagens
boarding pass	cartão de embarque
boat trip	viagem de barco
carriage, car	vagão
children	crianças
currency exchange	câmbio de moeda
day ticket	tíquete diário
delay	atraso
departures	partidas
domestic	nacional, doméstico
does not stop at ...	não para em ...
do not lean out	proibido debruçar-se
do not speak to the driver	proibido conversar com o motorista
emergency alarm	alarme de emergência
emergency exit	saída de emergência
engaged, reserved	ocupado
entrance, way in	entrada
exit	saída
fast train	trem rápido
flight	voo
flight attendant/ steward (ess)	comissário (a) de bordo
flight time	horário de voo
free	livre
harbour, port	porto
information	informações
left luggage	depósito de bagagens
local time	hora local
long-distance train	trem de longo curso

→

lost and found	achados e perdidos
lost property	objetos perdidos
lounge	saguão
no entry	entrada proibida
non-smokers	não fumantes
non-smokers only	somente para não fumantes
no smoking	proibido fumar
overweight	excesso de peso
passengers	passageiros
passport control	controle de passaportes
penalty for misuse ...	multa por uso indevido ...
platform ticket	tíquete para a plataforma
railway	ferrovia
reserved seat	assento reservado
restaurant car	vagão-restaurante
route	rota
Saturdays/Sundays only	só sábado/domingo
scheduled flight	voo regular
seat	assento
short journey	viagem curta
sleeper	vagão-leito
smokers	fumantes
snacks, sandwiches	lanches, sanduíches
standing room	lugares em pé
stop	parada
Sundays	domingos
Sundays and public holidays	domingos e feriados
terminus	estação terminal
ticket	tíquete, passagem
ticket inspection	controle de passagens
ticket machine	máquina para emitir tíquetes
timetable	horário
to change, to connect	fazer baldeação
to the platforms/trains	para as plataformas/trens
travel card	cartão de viagem
waiting room	sala de espera

FRASES QUE VOCÊ VAI OUVIR

Do you have any luggage?
O (A) senhor (a) tem bagagem?

Window seat or aisle seat?
Assento no corredor ou na janela?

Smoking or non-smoking?
Fumantes ou não fumantes?

Do you have anything to declare?
O (A) senhor (a) tem algo a declarar?

Open your suitcase, please
Abra suas malas, por favor

Can I see your passport/ticket, please?
Posso ver seu passaporte/sua passagem, por favor?

Passengers for New York are requested to board
Os passageiros com destino a Nova York devem se dirigir para o embarque

Please, proceed to gate number four
Dirijam-se ao portão número 4, por favor

Tickets, please
As passagens, por favor

Flight number 435 from Washington is running thirty minutes late
O voo número 435 procedente de Washington está com 30 minutos de atraso

Train number 89 from Miami is approaching platform two
O trem número 89 de Miami está chegando na plataforma 2

Train number 687 for Orlando is leaving from platform three
O trem número 687 para Orlando partirá da plataforma 3

REFEIÇÕES

Nos hotéis, restaurantes e lanchonetes norte-americanos há muitas opções para o café da manhã, que pode incluir omeletes com batata frita e torradas, ovos, bacon e o famoso **waffle**. Aos domingos, realiza-se o **brunch**, um misto de café e almoço servido em bufê, das 10h às 14h. Em horário de almoço as refeições são mais baratas, mas a principal refeição do dia para os norte-americanos é o jantar, servido a partir das 18h.

Os EUA tornaram-se famosos no mundo todo pelas refeições do tipo **fast-food** (alimentação rápida). Há numerosas cadeias de lanchonetes, muitas delas abertas 24 horas por dia. Oferecem grandes porções a preços baixos, bom para quem viaja com a família. Uma alternativa é passar em um supermercado ou em uma "**deli**" (**delicatessen**), onde você poderá comprar frios, queijos, saladas e outras provisões para preparar um lanche.

Nos centros turísticos mais concorridos, como Nova York e Miami, por exemplo, há restaurantes para todos os gostos e bolsos, onde se pode provar comida do mundo inteiro. Neles as refeições geralmente consistem de três pratos: entrada (**appetizer** ou **starter**), prato principal (**entrée**) e sobremesa (**dessert**).

É sempre aconselhável fazer reserva, principalmente nos fins de semana. As gorjetas costumam ficar entre 15% e 20%.

Por fim, há ainda bares, cafeterias, casas de chá e cafés, ambientes informais para se tomar uma bebida e comer um pedaço de bolo. E, se quiser tomar um café parecido com o brasileiro, peça um **espresso** (expresso), pois o **coffee** (café comum norte-americano), servido em copo grande, costuma ser muito diluído.

Nas principais cidades da Inglaterra, a culinária de todo o mundo está presente. Além dos restaurantes (muitos oferecem refeições a preço fixo), você poderá contar com os populares cafés e brasseries de estilo francês, bistrôs (servem refeições completas no almoço e no jantar e são mais baratos que os restaurantes), bares de vinho, pubs e redes de **fast-food**.

Procure não perder a experiência de tomar um típico chá da tarde inglês, uma das refeições mais saborosas do dia.

PALAVRAS E FRASES ÚTEIS

açúcar	sugar	_chu_-gâr
água	water	_uó_-ter
bar	bar	bar
café (bebida)	coffee	_kó_-fi
café (local)	café	ka-_fê_
cardápio	menu	_mé_-niu
carta de vinhos	wine list	_uáin_ list
cerveja	beer	_bi_-êr
chá	tea	ti
colher	spoon	spun
colher de chá	teaspoon	ti-spun
conta	bill	bil
copo	glass	glés
entrada, antepasto	starter	_star_-ter
faca	knife	náif
galão	gallon	_gué_-lon
garçom	waiter	_uei_-ter
garçonete	waitress	_uei_-tres
garfo	fork	fórk
garrafa	bottle	_bó_-tou
gorjeta	tip	tip
guardanapo	napkin/ serviette (ING)	_nép_-kin/sâr-vi-_ét_
jarra	pitcher/carafe (ING)	_pí_-tcher/kâ-_réf_
leite	milk	milk
libra	pound	paund
litro	litre	_li_-ter
manteiga	butter	_bâ_-ter
meio galão	half a gallon	_rréf_ a _gué_-lon
mesa	table	_tei_-bou
pão	bread	bréd
pimenta	pepper	_pé_-per
porção especial para crianças	children's portion	_tchil_-drens _pór_-tchân

prato	plate, dish	*pleit, dich*
prato principal	main course	*mein kórs*
recibo	receipt	*ri-sit*
refeição ligeira, lanche	snack	*snék*
restaurante	restaurant	*rést-rânt*
sal	salt	*sólt*
sanduíche	sandwich	*send-uich*
sobremesa	dessert	*di-zêrt*
sopa	soup	*sup*
tíquete (em bares)	receipt	*ri-sit*
torta, bolo	cake	*keik*
vinho	wine	*uáin*
xícara	cup	*kâp*

Uma mesa para uma/duas/três pessoa (s), por favor
A table for one/two/three, please
a tei-bou fór uân/tú/fri, plíz

Posso ver o cardápio/a carta de vinhos?
Can I see the menu/wine list?
kén ai si de mé-niu/uáin list

O que o senhor sugere?
What would you recommend?
uót uud iu re-ko-mend

Eu gostaria de ...
I'd like …
aid laik

Só um expresso/cappuccino/café com leite, por favor
Just an espresso/cappuccino/caffè latte, please
djâst an eks-pré-sou/ké-pu-tchi-nou/ka-fe la-te, plíz

Só quero uma refeição ligeira
I only want a snack
ai on-li uânt a snék

Há um cardápio do dia?
Is there a set menu?
is dér a sét mé-niu

Poderíamos experimentar uma especialidade/um vinho local?
Can we try a local speciality/wine?
kén uí trai a lou-kal spe-chi-a-li-ti/uáin

Uma garrafa de vinho tinto da casa, por favor
A bottle of house red, please
a bó-tou ov rraus réd, plíz

O senhor tem algum prato vegetariano?
Do you have any vegetarian dishes?
du iu rrev eni ve-dje-té-ri-ân di-ches

Poderia nos trazer água, por favor?
Could we have some water?
kuud uí rrev sâm uó-ter

Há um cardápio para crianças?
Is there a children's menu?
is dér a tchil-drens mé-niu

Garçom/garçonete!
Waiter/Waitress!
uei-ter/uei-tres

Não pedimos isto!
We didn't order this!
uí di-dânt ór-dêr dis

O senhor se esqueceu de trazer a sobremesa
You've forgotten to bring my dessert
iuv for-gó-tân tu brin mai di-zârt

Poderia nos trazer mais ...
May we have some more ...?
mei uí rrev sâm mór

Pode trazer outra faca/colher?
Can I have another knife/spoon?
kén ai <u>rrev</u> a-<u>nó</u>-der <u>náif</u>/<u>spun</u>

Pode nos trazer a conta, por favor?
Can we have the bill, please?
kén uí <u>rrev</u> de <u>bil</u>, plíz

Poderia me dar um recibo, por favor?
Could I have a receipt, please?
kuud ai <u>rrev</u> a ri-<u>sit</u>, plíz

Podemos pagar separadamente?
Can we pay separately?
kén uí pei <u>sé</u>-pâ-râ-tli

Estava ótimo, obrigado (a)
That was very good, thank you
dét uós <u>vé</u>-ri <u>gud</u>, <u>fênk</u> iu

Frases que Você Vai Ouvir

For here or to go?
É para comer aqui ou é para viagem?

Enjoy your meal!
Bom apetite!

What would you like to drink?
O que deseja (m) beber?

Did you enjoy your meal?
Você (s) comeu (ram) bem?

MANUAL DO MENU

aged beef	carne maturada
ahi tuna	fatias finas de atum ahi, malpassadas, com molho de pimenta
almond	amêndoa
american cheese	queijo amarelo tipo prato
anchovies in oil	anchovas em azeite
angel's food cake	bolo branco com baunilha
animal fat	gordura de origem animal
aperitif	aperitivo
apfelstrudel	torta de maçã de massa folhada
appetizers	entradas
apple	maçã
apple chutney (ING)	molho picante agridoce, feito à base de maçã e especiarias diversas, para acompanhar carnes
apple crisps	doce à base de maçã com açúcar, canela e farinha, de casca crocante, servido com chantili ou sorvete
apple juice	suco de maçã
apple pie	torta de maçã, em geral servida quente com sorvete
apricot	damasco
artichoke	alcachofra
assorted	indicação de sortido, variado
asparagus	aspargo
aubergine, eggplant	berinjela
avocado	abacate
bagel	pão de origem judaica em forma de rosca
baked potato	batata assada inteira, em geral com recheios diversos e manteiga
baked stuffed pike (ING)	lúcio (peixe) assado, recheado com anchovas, cebola, sálvia e pimenta
banana	banana
banana bran bread	pão doce de banana e cereal
barbecue	churrasco
basil	manjericão
bay leaves	louro
beans	feijão
beef	carne bovina

beef entrecôte	costeleta de boi
beef roll (ING)	bife rolê de carne bovina, recheado com legumes e presunto
beef stock	caldo de carne em cubinhos
beer	cerveja
beet	beterraba
billberry	murtinho (fruta silvestre)
black pepper	pimenta-do-reino
black pudding (ING)	morcela (espécie de chouriço com carne e sangue de porco)
blue cheese	queijo semelhante ao gorgonzola brasileiro
blue cheese dressing	molho à base de queijo forte para saladas
blueberry	fruta silvestre de coloração azulada
boiled eggs	ovos cozidos
braised oxtail (ING)	cozido de rabada (rabo de boi)
brandy	conhaque
bread	pão
broccoli	brócolis
broiled steak	bife grelhado
brown sugar	açúcar mascavo
brownies	bolos de chocolate sem fermento, feitos com nozes, castanhas ou pedaços de chocolate
Brussels sprouts	couve-de-bruxelas
buffalo wings	asinhas de frango fritas com tempero picante, servidas com talos de salsão em molho de queijo
burger and fries "to go"	hambúrguer e fritas para viagem, servido com salada e cebola frita
burrito	massa fina recheada de carne e servida com guacamole – especialidade mexicana
butter	manteiga
butter cookies	biscoitos amanteigados
cabbage	repolho
caesar salad	salada de alface com torradinhas de pão, aliche, queijo ralado e molho de mostarda com alho, às vezes servida com frango fatiado
café latte	café com leite
cakes	bolos

camomile tea	chá de camomila
candied yams	batata-doce caramelada
candies	designação genérica para doces, balas
candy-floss	algodão-doce
canella, cinnamon	canela
caper	alcaparra
caper sauce (ING)	molho de alcaparra; em geral acompanha carneiro cozido
cappuccino	café expresso com espuma de leite e chocolate em pó
carpaccio	fatias muito finas de carne com azeite, limão e queijo parmesão ralado
carrot	cenoura
cauliflower	couve-flor
celery	salsão
cereal bar	barra de cereal
chard	acelga
chayote	chuchu
cheddar cheese	queijo tipo cheddar de cor amarelo-alaranjada
cheddar cheese (ING)	queijo duro curado, branco ou amarelo, suave, cujo sabor varia de médio a forte
cheese	queijo
cheese cake	sobremesa à base de queijo cremoso, servida com calda de fruta
cheese fondue	foundue de queijo
cheese omelette	omelete de queijo
cheese pie	torta de queijo
cheese soufflé	suflê de queijo
cherry	cereja
cherry brandy	licor de cerejas
cheshire (ING)	queijo semelhante ao cheddar britânico
chestnut	castanha-portuguesa
chicken	frango
chicken breast	peito de frango
chicken broth, chicken soup	caldo de galinha
chicken salad	salada de frango
chicken stock	caldo de galinha
chicken tropicana	frango sautée com molho de frutas tropicais, coco e castanha
chickpea	grão-de-bico

chicory (ING)	chicória
chilli con carne	prato mexicano à base de feijão e carne cozidos com pó de pimenta chilli
chilli pepper	pimenta picante moída
chilli sauce	molho de tomate condimentado com pimenta chilli
chips	batatas fritas
chocolate	chocolate
chocolate cake with hazelnuts (ING)	bolo de chocolate com avelãs
chocolate custard dessert	musse de chocolate
chocolate milkshake	milkshake de chocolate
chocolate mousse	musse de chocolate
chocolate tart	torta de chocolate
chopsticks	pauzinhos de comida japonesa
cinnamon	canela
clams	amêijoas (tipo de molusco)
clam chowder	sopa de amêijoas e frutos do mar, com tomate e torradinhas
clear fish soup	caldo de peixe
coconut	coco
cod, cod fish	bacalhau
coffee	café
coffee custard dessert	musse de café
cold ham and tomatoes (ING)	presunto com tomates
cold meats	frios
coleslaw	salada de repolho cru finamente fatiado, com molho cremoso
collard greens	couve
combination pizza	pizza com vários ingredientes misturados
conch chowder	sopa cremosa feita com um caracol gigante (conch)
cooked ham	presunto cozido
cookies	biscoitos amanteigados
corn	milho
corned beef	espécie de carne-seca
corned beef on rye	carne-seca em fatias finas, servida em pão de centeio com mostarda e picles
cornish pastry (ING)	torta recheada com carne e legumes
corn relish	molho frio feito de tomate e milho-verde para acompanhar carnes e saladas
cottage cheese	queijo cremoso tipo ricota

cottage pie (ING)	torta de carne bovina moída, acompanhada de purê de batata
courgette, zucchini	abobrinha
cover charge	serviço
crab	caranguejo
cranberry	uva-do-monte (fruta silvestre)
cream	creme de leite, nata, chantili
cream cheese	queijo cremoso tipo requeijão
cream of asparagus soup	sopa creme de aspargos
cream puff	bomba de creme
cream sauce, white sauce	molho branco (bechamel)
croquettes	croquetes
crouton	quadradinho de pão torrado usado em sopas, saladas etc.
crocus	açafrão
cruller	espécie de rosca frita
crumpet (ING)	espécie de pão de minuto
cucumber	pepino
cucumber relish	molho frio feito de pepinos cortados em cubinhos e bem temperados, para acompanhar carnes e hambúrgueres
cumberland sausage (ING)	linguiça regional
cup	xícara
curd	coalhada
curry	tempero típico indiano, com sabor picante e adocicado
custard pie	torta com recheio cremoso
danish	massa folhada com creme ou geleia
dark beer	cerveja escura
date	tâmara
decaffeinated coffee	café descafeinado
desserts	sobremesas
devilled kidney (ING)	rim de carneiro marinado, temperado com molho de mostarda, suco de limão e pimenta-do-reino
devil's food cake	bolo de chocolate bem escuro com cobertura de chocolate
diet	alimento sem açúcar
digestive liqueur	licor digestivo
dim sum	bolinhos recheados de peixe, carne ou vegetais – especialidade chinesa

dip	molho grosso para servir com salgados
donut	bolinho doce que pode ter recheios diversos de geleias ou cremes
doughnut	sonho (doce)
dover sole (ING)	linguado (peixe) grelhado ou frito
drawn butter	molho de manteiga derretida
dressings	recheios ou molhos, em especial para saladas
dried cod	bacalhau salgado
drinks	bebidas
dry	seco
duck	pato
duck in orange sauce	pato com laranja
eel	enguia
eel pie (ING)	torta de enguia
egg	ovo
egg cream	bebida à base de leite gelado, calda de chocolate e clube soda
eggplant	berinjela
egg roll	enroladinho com recheio de ovo
enchiladas	tortinhas de farinha de milho recheadas de frango ou carne – especialidade mexicana
endive/chicory (ING)	chicória
entrée, main dish	prato principal
espresso	café forte de máquina
fajitas	tiras de carne grelhada – especialidade mexicana
fat free	comida sem gordura
fennel	erva-doce
fig	figo
fillets of perch	filés de perca (peixe)
fish	peixe
fish and chips (ING)	peixe de água salgada empanado, servido com batatas fritas, sal e vinagre
fish pâté	patê de peixe
fixed price menu	menu de preço fixo (cardápio da casa)
flan	flã, pudim
flour	farinha
frankfurter	salsicha tipo Frankfurt
frappuccino	café gelado

french fries	batatas fritas em formato de palitos
french toast	fatia de pão passada em ovo e frita, servida no café com calda doce
fried chicken	frango frito
fried eggs and bacon	ovos fritos com bacon
fried fish	peixe frito
fried green tomatoes	tomates verdes fritos, ligeiramente adocicados
fried squid	lulas fritas
fritter	qualquer tipo de carne empanada e servida com molho picante
frozen yogurt	sorvete de iogurte
fruit	fruta
fruit flambé	fruta flambada
fruit-flavoured ice cream	sorvete de fruta
fruit milkshake	milkshake de frutas
fruit salad	salada de frutas
fruit tart	torta de frutas
game	carne de caça
game chips	batatas fritas em lâminas redondas e finas servidas como acompanhamento de carne de caça
garlic	alho
garlic bread	pão torrado com alho e azeite
ginger	gengibre
gingerbread men	biscoitos amanteigados à base de gengibre e melado, em forma de homenzinhos
goose	ganso
grape	uva
grapefruit	toronja (grapefruit)
grated cheese	queijo ralado
green pepper	pimentão verde
green salad	salada verde
grilled fish	peixe grelhado
grilled kippers (ING)	peixes defumados grelhados
grilled sardines	sardinhas grelhadas
grilled steak	bife grelhado
grilled vegetables mediterranean style	vegetais marinados em azeite, alho e ervas, servidos com polenta grelhada
grits	mingau de milho com manteiga e pimenta-do-reino

ground beef	carne moída
Gruyère cheese	queijo gruyère
guacamole	molho típico mexicano feito de abacate para acompanhar pratos mexicanos salgados
guava	goiaba
gumbo	cozido de frango, arroz, tomates e frutos do mar – prato típico da cozinha creole do sul dos EUA
gummy bears	bala de gelatina em forma de ursinho
gyro	sanduíche de carne de carneiro no pão sírio – especialidade grega
hamburger	hambúrguer
ham omelette	omelete de presunto
hard-boiled eggs	ovos duros (cozidos)
hare	lebre
hash brown	batatas cortadas em pedacinhos, fritas, comprimidas e servidas quentes
hazelnuts	avelãs
herring	arenque
horse-radish sauce (ING)	molho à base de raiz-forte, mostarda e pimenta-branca, usado para acompanhar rosbife ou peixes
hot chocolate, hot coco	chocolate quente
hot cross bun (ING)	pãozinho doce ornamentado com uma cruz, em geral comido na Páscoa
hush puppies	bolinhos de fubá
ice cream	sorvete
ice cream tart	bolo de sorvete
ice cream with cream	sorvete com chantili
iced coffee	sorbet de café
iced tea	chá gelado
irish stew (ING)	ensopado de carne de carneiro, com batatas e cebolas
italian dressing	molho tipo vinagrete para saladas
jam, jelly	geleia
jelly beans	delicado (bala em forma de feijão)
jelly-O	gelatina
jerk pork	carne de porco marinada, servida com milho assado na espiga
kale	couve

kedgeree (ING)	prato indiano servido no café da manhã, à base de arroz temperado, feijão, lentilha e às vezes peixe defumado
key lime pie	torta recheada com creme de limão
kidney pie	torta de rim
king prawns	lagostins
lagniappe	pequena porção de musse ou quiche, servida como entrada
lamb	carneiro
lamb chop	costeleta de cordeiro
large beer	cerveja grande (aprox. meio litro)
leek	alho-poró
lemon	limão
lemon curd (ING)	creme de limão
lemon tea	chá com limão
lentil	lentilha
lettuce	alface
light	indicação de alimento com baixa caloria e pouca gordura
light beer, lager	cerveja clara
liver	fígado
liver pâté	patê de fígado
loaf	filão (de pão)
lobster	lagosta
lobster and vegetables	lagosta cozida, servida com legumes
lobster cocktail	coquetel de lagosta
low fat	indicação de alimento com baixo teor de gordura
macaroni and cheese	macarrão com queijo
maids of honour (ING)	espécie de pastel de creme, doce
main course	prato principal
mandarin	tangerina
mango	manga
maple syrup	xarope de bordo (árvore), muito doce, para waffles e panquecas
marzipan	marzipã
mashed potatoes	purê de batata
mayonnaise	maionese
meat	carne (qualquer tipo)
meatloaf	bolo de carne moída, recheado com legumes

medium	carne ao ponto
melon	melão
milk	leite
mineral water	água mineral
mint	menta, hortelã
mixed green salad	salada de verduras variadas (só folhagem)
mixed grill (meat or fish)	grelhado misto (carne ou peixe)
mixed salad	salada mista
mocha blast	bebida feita de café, leite e calda de chocolate, servida quente ou fria
muffin	bolinho feito à base de farinha, que pode ter vários sabores doces ou salgados, como chocolate, baunilha, framboesa, milho
mulberry	amora
mullet	tainha (peixe)
mushroom	cogumelo
mussels	mexilhões
mussel soup	sopa de mexilhões
mustard	mostarda
mustard sauce (ING)	molho à base de mostarda, para acompanhar peixes
noodles	macarrão
not including service charge	não inclui taxa de serviço
nougat	nugá (doce de nozes ou amêndoas)
nutmeg	noz-moscada
oatcake (ING)	bolo de aveia, achatado, sem fermento
oat meal	alimento à base de aveia
octopus	polvo
oil	óleo
okra	quiabo
olive	azeitona
olive oil	azeite
omelet, omellete	omelete
onion	cebola
onion rings	rodelas de cebola empanadas e fritas
onion soup	sopa de cebola
orange	laranja
orange juice	suco de laranja
orange soda	refrigerante de laranja
oregano	orégano

oyster	ostra
oyster stew	sopa de ostra
pancake	panqueca grossa geralmente doce, servida no café da manhã
parmesan cheese	queijo parmesão
parsley	salsa
passion fruit	maracujá
pasta	massas
pastrami	carne defumada e condimentada
pâté	patê
pea	ervilha
peach	pêssego
peach juice	suco de pêssego
peach melba	sobremesa feita com sorvete, pedaços de pêssego e licor
peanut	amendoim
pear	pera
pease pudding (ING)	espécie de pudim doce, de ervilha
peperoni pizza	pizza de linguiça tipo salame hamburguês
pepper	pimenta
pheasant	faisão
pineapple	abacaxi
pitta bread	pão sírio
plain pizza	pizza de queijo
ploughman's lunch (ING)	lanche que inclui pão, queijo cheddar, picles e um pouco de salada
plums	ameixas
poached eggs	ovos escaldados
poached fresh haddock with parsley sauce (ING)	hadoque (peixe) fresco escaldado com molho de salsa
pop corn	pipoca
pork	porco
pork chop	costeleta de porco
pork ribs	costela de porco
pork steak	filé de carne de porco
potato	batata
potato chips	batata chips
potato salad	salada de batata
potato skins	cascas de batata cortadas grossas e assadas com manteiga
potted shrimps (ING)	camarões marinados

poultry	aves domésticas
pretzel	massa assada, em forma de laço, que pode ser doce ou salgada
prune	ameixa seca
puddings (ING)	tortas doces ou salgadas
pulses	legumes
pumpkin	abóbora
pumpkin pie	torta doce de abóbora
quail	codorna
rabbit	coelho
radish	rabanete
raisin	uva-passa
ranch dressing	molho à base de queijo suave para saladas
rare	carne malpassada
raspberry	framboesa
red wine	vinho tinto
ribs	costelas de porco na brasa, em geral servidas com molho picante agridoce
rice	arroz
rice pudding	arroz-doce cremoso com limão e noz-moscada
roast-beef	rosbife (carne bovina finamente fatiada servida fria com limão)
roast beef (ING)	costela de boi assada, finamente fatiada, servida fria ou quente
roast lamb	cordeiro assado
roast leg of lamb with mint sauce (ING)	perna de carneiro assada, com molho de hortelã
roast meats	assados (carnes assadas)
roast potatoes	batatas assadas
roast rabbit	coelho assado
roast turkey	peru assado
roast veal	vitela assada
rosemary	alecrim
rosé wine	vinho rosé
rye bread	pão de centeio
saffron	açafrão
sage	sálvia
salad	salada
salad in tortilla	salada disposta sobre uma tortilla

salami	salame
salmon	salmão
salt	sal
sandwich	sanduíche
sashimi	porção de peixe cru acompanhado de molho de soja, gengibre e raiz-forte – especialidade japonesa
sauce	molho
sauerkraut	conserva de repolho azedo – especialidade alemã
sausage	linguiça
savoury flan	torta salgada
scones	pãezinhos de farinha de trigo ou aveia, servidos com geleia ou creme
scrambled eggs	ovos mexidos
seafood	frutos do mar
seafood salad	salada de frutos do mar
seared tuna	atum servido com molho de manga e chuchu grelhado
service charge included	taxa de serviço inclusa
set menu	cardápio do dia
shepherd's pie (ING)	torta de carne de carneiro moída, servida com purê de batata
sherry	xerez
sherry trifle (ING)	pão de ló embebido em xerez doce, servido com creme
shortbread (ING)	biscoito amanteigado seco, feito de farinha, manteiga e açúcar
shrimp	camarão
shrimp cocktail	coquetel de camarão
side dishes	acompanhamentos
sirloin steak	bife de filé-mignon
skate	arraia
skim milk	leite desnatado
small beer	cerveja pequena (aprox. 250 ml)
smoked fish	peixe defumado
smoked salmon	salmão defumado
smoked trout	truta defumada
soda	refrigerante
sorbet	sorbet, espécie de sorvete, à base de xaropes ou sucos de frutas

soufflé	suflê
soul food	"comida da alma" – cozinha creole, típica do sul dos EUA
soup	sopa
sour cream	creme de leite azedo
soused mackerel (ING)	escabeche de cavalinha (peixe)
soy sauce	molho de soja
spaghetti and meat sauce	espaguete com molho de carne
spaghetti vongole	espaguete com vôngole feito no vapor
sparkling mineral water	água mineral com gás
sparkling wine	vinho espumante
spice	tempero, condimento
spicy, hot	prato picante, muito temperado
spinach	espinafre
spinach beet	acelga
spirits, liqueurs	licores
spreads	patês
squash	tipo de abóbora
squid	lula
squid rings in batter	anéis de lula à doré
starters	entradas, antepastos
steak and kidney pie (ING)	torta de carne e rins em caldo grosso
stewed prunes (ING)	ameixas cozidas
still mineral water	água mineral sem gás
stilton (ING)	queijo com veios azuis, de leite integral de vaca, enriquecido com nata
stock cubes	cubos de extrato de carne
stone crab claws	patas de caranguejo servidas frias, com molho de mostarda e manteiga derretida
strawberry milkshake	milkshake de morango
strawberry with cream (ING)	morango com creme
strong espresso coffee	café expresso forte (curto)
stuffed squid	lula recheada
stuffed tomatoes	tomates recheados
stuffed turkey	peru recheado
sugar	açúcar
sukiyaki	verduras e carnes cozidas – especialidade japonesa
sushi	porção de arroz cozido ao vinagre embrulhado em peixe cru ou caranguejo – especialidade japonesa

sweet pepper	pimentão
sweets	doces
swiss roll	rocambole
swiss roll with lemon-curd filling (ING)	rocambole recheado com creme de limão
swordfish	peixe-espada
swordfish steak	filé de peixe-espada
table wine	vinho de mesa
taco	prato mexicano feito de farinha de milho (massa) e recheio de carne e alface com molho picante
takeaway	indicação de comida para viagem
tap water	água potável de torneira
tarragon	estragão
tart	torta
tartar sauce	molho tártaro
tasting	degustação
T-bone steak	bisteca de boi
tea	chá
tea and milk (ING)	chá com leite
tempura	legumes ou frutos do mar empanados em massa leve – especialidade japonesa
tenderloin	lombo
thousand island dressing	molho suave tipo rosê para saladas
toad-in-the-hole (ING)	torta de carne de porco ou linguiça de porco
toast	torrada
tomato	tomate
tomato juice	suco de tomate
tomato sauce	molho de tomate
tomato soup	sopa de tomate
tongue	língua
tortilla	massa típica mexicana feita à base de milho e trigo, frita ou assada, que recebe recheios diversos
tourist menu	menu turístico
treacle pudding (ING)	pão de ló feito no vapor, coberto de calda e servido com creme
tripe	tripa, dobradinha
trout	truta
truffles	trufas

tuna, tuna fish	atum
turkey	peru
turnip	nabo
U-peel shrimp	camarão na casca, cozido em molho picante
vanilla	baunilha
vanilla ice cream	sorvete de creme
veal	vitela
veal and ham pie (ING)	torta de carne de vitela e presunto
veal chop	costeleta de vitela
vegetable medley	mistura de legumes cozidos
vegetables	verduras ou legumes
vegetable soup	sopa de verduras
vegetable stock	caldo de legumes em cubinho
veggie	indicação de comida vegetariana
velveeta	queijo tipo cheddar
vinegar	vinagre
waffle	massa doce assada, servida com sorvete, caldas diversas, frutas ou chantili
waldorf salad	salada de maçã, castanhas e folhas
walnut	noz
walnut tart	torta de nozes
water	água
watermelon	melancia
weak espresso coffee	café expresso diluído
well done	carne bem passada
well-done fillet of beef	filé de boi/vaca bem passado
white coffee	café com leite
white sauce	molho bechamel
white wine	vinho branco
whole milk	leite integral
whole wheat bread	pão integral
whisky, scotch	uísque
wild rice	arroz selvagem
wine	vinho
wine tasting	degustação de vinhos
worcestershire sauce	molho inglês para carnes
yogurt	iogurte
yolk	gema do ovo
Yorkshire pudding (ING)	bolinho de massa, em geral acompanha o rosbife ou outras carnes

COMPRAS E SERVIÇOS

O horário padrão de funcionamento das lojas norte-americanas nas grandes cidades é das 10h às 18h, de segunda a sábado, e das 12h às 17h aos domingos. Em cidades menores, o comércio pode fechar no domingo ou na segunda, e em alguns casos o horário comercial é menor: das 11h às 17h. Em geral, o horário está afixado na entrada. A maioria dos estabelecimentos comerciais aceita cartões de crédito internacionais, além de cheques de viagem. Para os cheques de viagem, eles exigem um documento de identificação, como o passaporte. Poucas lojas aceitam cheques de bancos estrangeiros. No caso de compras pequenas, o melhor é pagar em dinheiro.

Lembre-se de que o imposto sobre vendas – que varia de uma região para outra e de acordo com o produto – não está incluído no preço exibido e é acrescentado ao valor total das compras.

Nos grandes centros turísticos norte-americanos, como Nova York e Miami, considerados os paraísos das compras, vale a pena visitar os shopping centers (comumente chamados de **malls**) e as lojas de departamentos (**department stores**), que ocupam prédios inteiros e oferecem uma gama enorme de produtos.

Os artigos de perfumaria e banho podem ser comprados em supermercados, nas lojas de departamentos ou nas **drugstores** (uma mistura de farmácia e drogaria, que, além de remédios, vende inúmeros outros itens, como cosméticos e revistas). As **pharmacies** (farmácias) são mais especializadas e rigorosas quanto à venda de medicamentos. Até mesmo os remédios mais comuns são vendidos somente com receita médica.

Na Inglaterra, durante a semana as lojas costumam abrir às 9h ou 10h e funcionam até as 17h ou 18h. Aos sábados, o horário é mais curto. Nas cidades pequenas, o comércio pode fechar para o almoço ou uma tarde por semana. Muitos estabelecimentos aceitam cartões de crédito internacionais. Você pode usar os cheques de viagem nas lojas maiores, mas leve o passaporte para se identificar.

Você ainda pode contar com lojas de departamentos, mercados, antiquários e **bric-a-brac shops** (lojas de artigos de segunda mão).

As farmácias inglesas (**chemists**) são menos rigorosas que as dos EUA quanto à venda de medicamentos sem receita médica.

Tanto nos EUA como na Inglaterra, você pode encontrar, em feiras e supermercados, alimentos vendidos em **pounds** (libras); cada libra equivale a cerca de 450 g.

Palavras e Frases Úteis

açougue	butcher's	_bâ_-tchêrz
adega	wine merchant's	uáin _mêr_-tchants
agência de viagens	travel agency	_tré_-vou _ei_-djân-si
agente de viagens	travel agent	_tré_-vou _ei_-djânt
alfaiataria	tailor's	_tei_-lorz
armazém	food store	_fud_ stór
banca de frutas	fruit stand	_frut_ stend
banca de jornais	newsstand	_nius_-stend
barato	cheap	tchip
barbeiro	barber shop	_bar_-bêr chóp
butique	boutique	bu-_tik_
cabeleireiro	hairdresser	rrér-_dré_-sêr
caixa	cash desk, till	_kech_-désk, til
caro	expensive	eks-_pen_-siv
cliente, freguês (esa)	customer	_kâs_-to-mêr
comprar	buy	bai
confeitaria	cake shop, confectioner's shop	_keik_ chóp, kon-_fék_-tcho-nêrz chóp
conserto de sapatos	shoe repair shop	_chuu_ ri-_pér_ chóp
custar	cost	kóst
desconto	discount	dis-_káunt_
equipamentos de camping	camping equipment	_kem_-pin e-_kuip_-ment
equipamentos de som	audio equipment	_ó_-dio e-_kuip_-ment
equipamentos esportivos	sports equipment	_spórts_ e-_kuip_-ment
farmácia	pharmacy, drugstore/ chemist (ING)	_fár_-ma-si, _drâg_-stór/ _ke_-mist

floricultura	florist's	_fló_-rists
hipermercado	hypermarket	_rrai_-pêr-_már_-ket
joalheria	jeweler's	_dju_-lêrz
lavanderia (a seco)	dry cleaner's	_drai_ _kli_-nêrz
liquidação	sale	_sei_-ou
livraria	bookshop, bookstore	_buk_-chóp, _buk_-stór
loja	shop	chóp
loja de antiguidades	antique shop	ân-_tik_ chóp
loja de artesanato	craft shop	_kréft_ chóp
loja de brinquedos	toyshop	_tói_ chóp
loja de departamentos	department store	di-_part_-ment stór
loja de discos/CDs	record shop	_rré_-kord chóp
loja de eletrodomésticos	electrical goods store	e-_lék_-tri-kâl gúds stór
loja de ferragens	hardware shop	_rrard_-uér chóp
loja de material fotográfico	camera shop	_kém_-ra chóp
loja de presentes	gift shop	guift chóp
loja de suvenires	souvenir shop	su-vi-_nir_ chóp
marca (de produto)	brand	brend
mercado, feira	market	_már_-ket
mercado coberto	indoor market	in-_dór_ _már_-ket
mercadoria, produto	goods	gúds
mercearia	grocery store	_grou_-se-ri stór
modelo	model	_mó_-del
óptica	optician's	op-_ti_-tchâns
padaria	bakery, baker's	_bei_-kâ-ri, _bei_-kêrz
papelaria	stationer's (shop)	_stei_-tcho-nêrz (chóp)
peixaria	fish market/ fishmonger's (ING)	fich-_már_-ket/ fich-_món_-gêrz
porcelana	china	_tchai_-na
preço	price	prais
quantia (total a pagar)	amount	â-_máunt_

81

quitanda	greengrocer's	_grin-grou-sers_
recibo	receipt	_ri-sit_
roupas femininas	ladies' wear	_lei-dis uér_
roupas masculinas	menswear	_méns uér_
sacola de compras	carrier bag	_ké-ri-êr bég_
sapataria	shoe shop	_chuu chóp_
supermercado	supermarket	_su-pêr-már-ket_
tabacaria	tobacco shop	_to-bei-ko-nists_
tamanho (de roupa)	size	_saiz_
tinturaria	dry cleaner's	_drai kli-nêrz_
trajes esportivos	sportswear	_spórts uér_
vendedor (a)	salesman/	_sei-ous-men/_
	saleswoman	_sei-ous-uu-man_
verduras, legumes	vegetables	_vé-djã-ta-bous_

Por favor, onde fica/ficam ...?
Excuse me, where is/where are ...?
eks-kiuz mi, uér is/uér ar

Onde há uma (loja de) ... aqui perto?
Where is there a ... (shop) around here?
uér iz dér a ... (chóp) a-ráund rri-êr

Onde fica a seção de ...?
Where is the ... department?
uér iz de ... di-part-ment

Onde fica o centro comercial?
Where is the main shopping area?
uér iz de mein chó-pin é-re-a

Há algum supermercado aqui?
Is there a supermarket here?
iz dér a su-pêr-már-ket rri-êr

Eu gostaria de ...
I'd like ...
aid laik

Vocês têm ...?
Do you have …?
du iu rrev

Quanto é isto?
How much is this?
rrau mâtch is dis

Onde se paga?
Where do I pay?
uér du ai pei

Vocês aceitam cartão de crédito?
Do you take credit cards?
du iu teik kré-dit kards

Acho que me deu troco a menos
I think perhaps you've short-changed me
ai fink pêr-rréps iuv chort-tchen-gid mi

Pode me dar um recibo/uma sacola, por favor?
Can I have a receipt/a bag, please?
kén ai rrev a ri-sit/a bég, plíz

Só estou olhando
I'm just looking
aim djâst lu-kin

Voltarei mais tarde
I'll come back later
au kâm bék lei-têr

Há algum mais destes?
Do you have any more of these?
du iu rrev eni mór ov diz

Não há algo mais barato?
Don't you have anything cheaper?
dont iu rrev eni-fin tchi-pêr

Há algo maior/menor?
Do you have anything larger/smaller?
du iu rrev eni-fin lar-djêr/smó-lêr

Posso experimentá-lo (s)?
Can I try it/them on?
kén ai trai it/dem ón

Há também em outras cores?
Does it come in other colours?
dás it kâm in ó-der kó-lors

Pode embrulhá-lo para presente?
Could you gift-wrap it for me?
kuud iu guift-rep it fór mi

Eu gostaria de trocar isto, porque tem um defeito
I'd like to exchange this, it's faulty
aid laik tu eks-tcheindj dis, its fóu-ti

Sinto muito, mas não tenho o recibo
I'm afraid I don't have the receipt
aim a-freid ai dont rrev de ri-sit

Pode me devolver o dinheiro?
Can I have a refund?
kén ai rrev a ri-fând

Minha câmera não está funcionando
My camera isn't working
mai kém-ra izânt uôr-kin

Quero um filme colorido de 36 fotos, de 100 ISO
I want a thirty six exposure colour film, a hundred ISO
ai uânt a fâr-ti siks eks-pou-djur kó-lor film, â rrân-dred ai-és-ou

Eu gostaria de revelar este filme
I'd like to develop this film
aid laik tu di-vé-lop dis film

Cópias em papel mate/brilhante
Matt/glossy prints
mét/gló-si prints

Serviço de uma hora, por favor
One-hour service, please
uân au-êr sêr-vis, plíz

Onde posso consertar isto?
Where can I get this mended?
uér kén ai guét dis men-did

Pode consertar isto para mim?
Can you fix this?
kén iu fiks dis

Eu gostaria de lavar esta saia/estas calças
I'd like this skirt/these pants dry-cleaned
aid laik dis skârt/diz pénts drai-klind

Quando ficará (ão) pronto (s)?
When will it/they be ready?
uen uil it/dei bi ré-di

Eu gostaria de marcar uma hora
I'd like to make an appointment
aid laik tu meik an a-pói-mênt

Queria cortar e fazer escova
I want a hair cut and blow dry
ai uânt a rrér kât end blou drai

Com condicionador/Sem condicionador, por favor
With conditioner/No conditioner, thanks
uif kon-di-tchio-nêr/nou kon-di-tchio-nêr, fênks

Apenas apare-o um pouco, por favor
Just a trim, please
djâst a trim, plíz

Não corte demais!
Not too much off!
nót túu _mâtch_ óf

Quando o mercado abre?
When does the market open?
uen _dâs_ de _már-ket_ _ou_-pen

Quanto é a libra?
What's the price per pound?
uóts de _prais_ pêr paund

Pode escrever isso?
Could you write that down?
kuud iu _rait_ dét _daun_

É muito caro! Eu dou ...
That's too much! I'll pay ...
déts _túu_ _mâtch_! Au _pei_

Pode me dar um desconto?
Could I have a discount?
kuud ai _rrev_ a dis-_kaunt_

Está bem. Vou levar!
That's fine. I'll take it!
déts _fain_. Au _teik_ it

Quero um pedaço deste queijo
I'll have a piece of that cheese
au rrev a _pis_ ov dét _tchiz_

Cerca de 1 libra/2 libras
About a pound/two pounds
a-_báut_ a _paund_/tú _paunds_

Meia libra/1 libra de maçãs, por favor
Half a pound/A pound of apples, please
rraf a _paund_/a _pound_ ov _é_-pous, plíz

Meia libra daquele queijo, por favor
Half a pound of that cheese, please
rraf a paund ov dét tchiz, plíz

Posso experimentá-lo (a)?
May I taste it?
mei ai teist it

Está muito bom; vou levar um pouco
That's very nice, I'll take some
déts vê-ri nais, au teik sâm

Não é o que eu queria
It isn't what I wanted
it i-zânt uót ai uân-tid

EXPRESSÕES QUE VOCÊ VAI ENCONTRAR

bakery	padaria
barber shop	barbeiro
blow dry	fazer escova no cabelo
bookshop, bookstore	livraria
butcher's	açougue
cake shop	confeitaria
cash desk, till	o (a) caixa
confectionery, cakes	doçaria
department	seção, departamento
department store	loja de departamentos
DIY (do it yourself)	faça-você-mesmo
do not touch	não toque
dozen	dúzia
electrical appliances	eletrodomésticos
exit, way out	saída
fashion	moda
fish market/fishmonger's (ING)	peixaria
flower shop	floricultura

→

fresh	fresco
furrier	peleteria
goods are not exchanged without a receipt	não se trocam mercadorias sem o recibo
grocery	mercearia, supermercado
hair cut	corte de cabelo
hairdresser	cabeleireiro (a)
hairdryer	secador de cabelo
hair stylist	cabeleireiro (a)
highlights	luzes (no cabelo)
high quality	alta qualidade, primeira linha
ladies' clothing	roupas femininas
magazines	revistas
men's clothing	roupas masculinas
office supplies	material de escritório
pay at the desk	pagar no caixa
please take a trolley/ basket	por favor, use um carrinho/ uma cesta
perm (hair)	permanente (no cabelo)
price	preço
pull	puxar
push	empurrar
reduced	com desconto
sales	saldos, liquidação
shoes	calçados
spirits, liquors	bebidas alcoólicas
stationer's	papelaria
tailor's	alfaiataria
tobacco shop	tabacaria
toys	brinquedos
travel agency	agência de viagens
trim	aparar
try on	experimentar
upper floor	andar superior
vegetables	legumes e verduras
way in	entrada

FRASES QUE VOCÊ VAI OUVIR

Can I help you?
Posso ajudá-lo (a)?

Are you being served?
Está sendo atendido?

Don't you have anything smaller?
O (A) senhor (a) não tem mais trocado?

Do you have any change?
O (A) senhor (a) tem trocado/moedas?

I'm sorry, we're out of stock
Lamento, não temos mais deste artigo

This is all we have
Isto é tudo que temos

Please, pay at the till
Pague no caixa, por favor

Will there be anything else?
Deseja algo mais?

How much/many would you like?
Quanto/Quantos o (a) senhor (a) gostaria?

How would you like it?
Como deseja isso?

ESPORTES

Os norte-americanos adoram esportes, e há opções para todos os gostos. Quem prefere apenas assistir pode consultar o calendário local de eventos esportivos para ver se há uma partida de **football** (futebol americano), de **baseball** (beisebol) ou de **basketball** (basquete) programada. Para os praticantes, há diversas quadras públicas e incontáveis modalidades esportivas. O golfe, por exemplo, é muito prestigiado no país. A Flórida, com seus mais de 1.100 campos públicos e particulares, é considerada o paraíso dos golfistas. O tênis também é bastante praticado; diversos hotéis têm quadras, e alguns **resorts** oferecem aulas do esporte.

Se você apreciar as grandes caminhadas, pode fazer uma excursão a uma das mais de 370 áreas protegidas pelo Sistema Nacional de Parques dos EUA. As severas leis de preservação ao meio ambiente garantem a beleza de desertos, florestas de sequoias, montanhas e praias de areia branca, tudo acessível a visitantes. O **Department of Environmental Protection (DEP)** é uma ótima fonte de informações gerais e para se obter a programação da maior parte das atividades ao ar livre.

Em certas localidades você terá a oportunidade de se arriscar em esportes mais ousados, como alpinismo, rafting, asa-delta, balonismo, canoagem ou parasailing (uma mistura de paraquedismo e esqui aquático), entre outros.

A grande extensão de áreas costeiras dos EUA favorece todos os tipos de esportes aquáticos, muito apreciados pelos norte-americanos. O litoral da Califórnia, por exemplo, conta com locais ideais para a prática de mergulho, surfe, exploração de piscinas naturais, pesca, windsurfe, lanchas, barcos e jet ski.

A Inglaterra oferece inúmeras atividades para apreciadores e praticantes: caminhadas, ciclismo, golfe, tênis, remo, vela, pesca de mar e de rio, mergulho, natação (na maioria das cidades há piscinas públicas), futebol, rúgbi, críquete – o esporte nacional –, hipismo e até esportes de aventura como alpinismo, paragliding e patinação no gelo, muito populares no país.

Palavras e Frases Úteis

alpinismo	alpinism	_ó-pi-nizm_
andar de bicicleta	go cycling/biking	_gou sai-klin/bai-klin_
arpão submarino	harpoon	_rrór-pun_
asa-delta	hang-gliding	_rren-glai-din_
atletismo	athletics	_â-flé-tiks_
barco	boat	_bout_
barco de pedais	pedal boat	_pé-dal bout_
basquete	basketball	_bés-ket ból_
beisebol	baseball	_beiz-ból_
bicicleta	bicycle, bike	_bai-si-kou, baik_
bola	ball	_ból_
boliche	bowling	_bou-lin_
caça	hunting	_rrân-tin_
campo de golfe	golf course	_gouf kórs_
canoa	canoe	_ka-nu_
canoagem	canoeing	_ka-nu-in_
cavalgar	ride a horse	_rraid_
centro esportivo	sports centre	_spórts cen-têr_
ciclismo	cycling	_sai-klin_
colete salva-vidas	life jacket	_laif djé-ket_
equipe, time	team	_tim_
equitação	horse riding	_rrórs rai-din_
esporte	sport	_spórt_
esquiar	ski	_ski_
esqui cross-country	cross-country skiing	_krós-kân-tri ski-in_
esqui aquático	water-skiing	_uó-ter ski-in_
estádio	stadium	_stei-dium_
fazer windsurfe	go windsurfing	_gou uind-sâr-fin_
futebol	soccer	_só-kêr_
futebol americano	football	_fut-ból_
garrafas de oxigênio	oxygen bottles	_ó-ksi-djin bó-tous_
ginástica	gymnastics	_djim-nés-tiks_
hóquei sobre gelo	ice-hockey	_ais rró-kei_

jogar golfe	play golf	_plei gouf_
jogo	game	gueim
máscara de mergulho	diving mask	_dai_-vin _mésk_
mergulhar	dive	daiv
mergulho	diving	_dai_-vin
montanhismo	rock climbing	_rók klain_-bin
nadar	swim	su-_im_
natação	swimming	su-i-min
óculos de mergulho	goggles	_gâ_-gous
paraquedismo	skydiving	_skai-dai_-vin
partida de futebol	soccer game/	_só-kêr_ gueim/
	football match (ING)	_fut-ból métch_
patinação no gelo	ice skating	_ais skei_-tin
patinar	skate	skeit
pesca	fishing	_fi_-chin
pesca submarina	underwater fishing	_ân-dêr-uó_-ter _fi_-chin
pés de pato	flippers	_fli_-pêrs
piscina	pool, swimming pool	pul, su-i-min _pul_
pista de esqui	ski trail	ski _trei-ou_
pista de patinação	skating rink	_skei_-tin _rink_
pista para	nursery slope	_nâr_-se-ri _sloup_
principiantes		
prancha de surfe	surfboard	_sârf-bórd_
quadra de tênis	tennis court	_tê_-nis kórt
raquete	racket	_ré_-ket
respirador	snorkel	_snór_-kel
rúgbi	rugby	_râg_-bi
sela	saddle	_sé_-dou
surfe	surf	sârf
taco de golfe	wood, driver	uud, _drai_-vêr
teleférico (de cadeira)	chair lift	_tchér_ lift
tênis	tennis	_tê_-nis
tiro ao alvo	shooting range	_chu_-tin rendj
traje isotérmico	wet suit	_uét_ sut
trampolim	diving board	_dai_-vin bórd
trenó	sledge	_slédj_

vara de pescar	fishing rod	<u>fí</u>-chin <u>ród</u>
vela	sail	<u>sei</u>-ou
velejar	sailing	<u>sei</u>-lin
voleibol	volleyball	<u>vó</u>-li-ból
windsurfe	windsurfing	uind-<u>sâr</u>-fin

Poderia me indicar o caminho para a praia?
How do I get to the beach?
rrau du <u>ai</u> <u>guét</u> tu de <u>biitch</u>

Qual a profundidade da água aqui?
How deep is the water here?
rrau <u>diip</u> iz de <u>uó</u>-ter <u>rri</u>-êr

Há uma piscina coberta/ao ar livre aqui?
Is there an indoor/outdoor pool here?
is dér an <u>in</u>-dór/<u>áut</u>-dór su-i-min <u>pul</u> <u>rri</u>-êr

É perigoso nadar aqui?
Is it dangerous to swim here?
is it <u>den</u>-djâ-râs tu su-<u>im</u> <u>rri</u>-êr

Posso pescar aqui?
Can I fish here?
kén ai <u>fich</u> <u>rri</u>-êr

Preciso de uma licença?
Do I need a licence?
du ai <u>nid</u> a <u>lai</u>-sens

Há um campo de golfe aqui perto?
Is there a golf course near here?
iz dér a <u>gouf</u> kórs <u>ni</u>-êr <u>rri</u>-êr

Eu preciso ser sócio?
Do I have to be a member?
du ai <u>rrev</u> tu <u>bi</u> a <u>mem</u>-bêr

Onde posso alugar ...?
Where can I rent ...?
<u>uér</u> kén ai rént

Eu gostaria de alugar uma bicicleta/um jet ski
I would like to rent a bike/a jet ski
ai uud <u>laik</u> tu <u>rént</u> a <u>baik</u>/a <u>djét</u> ski

Quanto custa por hora/por dia?
How much does it cost per hour/day?
rrau <u>mâtch</u> dâs it <u>kóst</u> pêr <u>au</u>-êr/dei

Como isso funciona?
How does it work?
<u>rrau</u> dâs it <u>uôrk</u>

A que horas abrem os teleféricos?
When does the lift start?
<u>uen</u> dâs de lift <u>start</u>

Onde são as pistas para principiantes?
Where are the nursery slopes?
<u>uér</u> ar de <u>nâr</u>-se-ri <u>sloups</u>

Onde eu poderia assistir a uma partida de futebol?
Where could I watch a soccer game?
<u>uér</u> kuud ai <u>uótch</u> a <u>só</u>-kêr <u>gueim</u>

Eu gostaria de ter aulas de tênis/esqui aquático
I would like to take tennis/water-skiing lessons
ai uud <u>laik</u> tu <u>teik</u> <u>tê</u>-nis/<u>uó</u>-ter <u>ski</u>-in <u>lé</u>-sons

Há alguma coisa errada com esta bicicleta
There's something wrong with this bicycle
dérz <u>sâm</u>-fin <u>ron</u> wif dis <u>bai</u>-si-kou

Nunca joguei isso antes
I haven't played this before
ai <u>rré</u>-vânt <u>pleid</u> dis bi-<u>fór</u>

Vamos patinar/nadar
Let's go skating/swimming
léts gou <u>skei</u>-tin/su-<u>i</u>-min

Qual é o placar?
What's the score?
uóts de skór

Quem ganhou?
Who won?
rru uon

EXPRESSÕES QUE VOCÊ VAI ENCONTRAR

bike/cycle renting	aluguel de bicicletas
bike/cycle path	ciclovia
boat renting	aluguel de barcos
cable car	bondinho
cross-country skiing	esqui cross-country
danger	perigo
dangerous currents	correntezas perigosas
diving board, ski jump	trampolim
first aid	pronto-socorro
get ready to alight	prepare-se para descer
indoor swimming pool	piscina coberta
lifeguard	salva-vidas
no admittance	proibida a entrada
no bathing	proibido entrar na água
no diving	proibido mergulhar
no fires	proibido acender fogo
no fishing	proibido pescar
no swinging	proibido se balançar
no trespassing	passagem proibida
open-air swimming pool	piscina ao ar livre
pedestrians	pedestres
private entrance	entrada particular
ski renting	aluguel de esquis
sunshade renting	aluguel de guarda-sol
to the beach	acesso à praia
to the chair lift	para o teleférico (de cadeira)

CORREIO E BANCOS

As principais agências de correio norte-americanas funcionam das 9h às 17h nos dias úteis; algumas também abrem aos sábados de manhã. Podem-se comprar selos (**stamps**) nas recepções de hotel, nas agências ou em máquinas automáticas instaladas em farmácias, supermercados, lojas de departamentos e terminais de transporte público. As caixas de correio são pintadas de azul ou de vermelho, branco e azul.

Os horários dos bancos variam de uma cidade para outra, mas a maioria geralmente funciona das 10h às 15h. Nas grandes cidades, o expediente costuma ser maior: das 7h30 às 18h. As agências das cidades maiores dispõem de caixas eletrônicos (ou **ATMs**, **Automated Teller Machines**), quase sempre na frente do estabelecimento, que funcionam durante 24 horas.

Leve para os EUA muitos cheques de viagem em dólares: além da segurança que proporcionam, são aceitos sem comissão em inúmeros estabelecimentos (de todo modo, antes de fechar qualquer negócio, informe-se se essa comissão é cobrada). Para trocar os cheques de viagem por dinheiro, as melhores taxas de câmbio são oferecidas nos grandes bancos e em casas de câmbio oficiais. Não deixe de levar cartões de crédito: eles pagam tudo, de ingressos esportivos a contas de hospital e de hotel, e são bem aceitos em toda parte, mesmo nas cidades pequenas.

A unidade da moeda norte-americana é o **dollar** (dólar), dividido em 100 **cents** (centavos). As cédulas são de US$ 1, US$ 5, US$ 10, US$ 20, US$ 50 e US$ 100. Existem notas de US$ 2, mas raramente circulam. Há moedas de 1 dólar, 25 centavos (conhecida como um **quarter**), 10 centavos (ou um **dime**), 5 centavos (ou um **nickel**) e 1 centavo (ou um **penny**).

Na Inglaterra, as agências em geral funcionam das 9h às 17h30 de segunda a sexta, e até as 12h30 aos sábados. As caixas de correio, sempre vermelhas, são encontradas com facilidade.

Os horários bancários variam, mas o atendimento mínimo vai das 9h30 às 15h30, de segunda a sexta. Os bancos costumam oferecer as melhores taxas de câmbio para estrangeiros.

A unidade da moeda inglesa é a libra esterlina (**pound sterling**), cujo símbolo é **£**. Cada libra corresponde a 100 **pence** (p). As cédulas são de £ 5, £ 10, £ 20 e £ 50. As moedas em uso são de £ 1, 50 p, 20 p, 10 p, 5 p, 2 p e 1 p. Circulam ainda algumas moedas de £ 2, de edições comemorativas.

PALAVRAS E FRASES ÚTEIS

agência dos Correios	post office	*poust ó-fis*
aparelho de fax	fax machine	*féks ma-chin*
balcão	counter	*kaun-têr*
banco	bank	*benk*
caixa de correio	mailbox/	*mei-ou-bóks*
	postbox (ING)	*poust-bóks*
caixa eletrônico	ATM, cash dispenser	*ei-ti-ém, kéch dis-pen-sâr*
carta	letter	*lé-têr*
cartão de crédito	credit card	*kré-dit kárd*
cartão-postal	postcard	*poust-kárd*
carta registrada	registered letter	*ré-djis-têrd lé-ter*
carteiro	postman	*poust-men*
cheque	check/cheque (ING)	*tchék*
cheque de viagem	traveller's cheque	*tré-vâ-lêrs tchék*
código postal (CEP)	zipcode/postcode (ING)	*zip-koud/poust-koud*
coleta postal	collection	*ko-lék-tchân*
correio	mail	*mei-ou*
correio aéreo	airmail	*ér mei-ou*
correio comum	surface mail	*sâr-feis mei-ou*
depositar, depósito	deposit	*de-pó-zit*
dinheiro	cash	*kéch*
dólar	dollar	*dó-lar*
entrega	delivery	*de-lí-vâ-ri*
envelope	envelope	*en-ve-loup*
enviar por fax	fax	*féks*
formulário	form	*fórm*
formulário para a alfândega	customs form	*kâs-tâms fórm*

libra esterlina (ING)	pound sterling	_paund stér-lin_
nota	banknote	_benk-nout_
pacote	package, parcel	_pé-kâjd, par-sel_
postar	post, mail	_poust, mei-ou_
posta-restante	general delivery/ poste-restante (ING)	_dje-ne-rol de-li-vâ-ri poust-rés-tânt_
retirada, saque	withdrawal	_uif-dró-al_
retirar, sacar	withdraw	_uif-dró_
selo	stamp	_stémp_
talão de cheques	check book/ cheque book (ING)	_tchék buk_
tarifas postais	postage rates	_pós-tâdj reits_
taxa de câmbio	exchange rate	_eks-tchendj reit_
telegrama	telegram	_té-le-grâm_
trocar	change	_tchendj_
vale postal	money order	_mâ-ni ór-dêr_
vale postal internacional	international money order	_in-têr-né-tchio-nal mâ-ni ór-dêr_

Quanto custa enviar um cartão-postal para o Brasil?
How much is a postcard to Brazil?
rrau mâtch is a poust-kard tu brâ-zil

Quero três selos de 50 centavos
I would like three fifty-cent stamps
ai uud laik frí fif-ti-sent stémps

Quero mandar esta carta registrada
I want to register this letter
ai uânt tu ré-gis-têr dis lé-ter

Quero mandar este pacote para o Brasil
I want to send this parcel to Brazil
ai uânt tu send dis pé-kâdj tu brâ-zil

Quanto tempo leva o correio para o Brasil?
How long does the post to Brazil take?
rrau long dâs de poust to brâ-zil teik

Onde posso postar isto?
Where can I post this?
uér kén ai <u>poust</u> dis

Há alguma correspondência para mim?
Is there any mail for me?
is <u>dér</u> eni <u>mei</u>-ou fór <u>mi</u>

Eu gostaria de enviar um telegrama/um fax
I'd like to send a telegram/a fax
aid <u>laik</u> tu <u>send</u> a <u>té</u>-le-grâm/a <u>féks</u>

Quero que isso vá por via aérea
This is to go airmail
dis is tu <u>gou</u> <u>ér</u>-<u>mei</u>-ou

Quero trocar por notas de 10 dólares
I'd like to change this into ten dollar notes
aid <u>laik</u> tu <u>tchendj</u> dis in-tu <u>tén</u> <u>dó</u>-lar nouts

Posso trocar estes cheques de viagem?
Can I cash these traveller's cheques?
kén ai kech <u>diz</u> <u>tré</u>-vâ-lêrs <u>tchéks</u>

A quanto está o dólar?
What is the exchange rate for the dollar?
<u>uót</u> iz de eks-<u>tchendj</u> <u>reit</u> fór de <u>dó</u>-lar

Posso sacar dinheiro com este cartão de crédito?
Can I draw cash using this credit card?
<u>kén</u> ai <u>dró</u> <u>kech</u> <u>iu</u>-zin dis <u>kré</u>-dit kárd

Eu queria em notas de 10 dólares
I'd like it in ten dollar notes
aid <u>laik</u> it in <u>tén</u> <u>dó</u>-lar nouts

Poderia me dar notas de menor valor?
Could you give me smaller notes?
kuud iu <u>guiv</u> mi <u>smó</u>-lêr nouts

Expressões que Você Vai Encontrar

address	endereço
addressee	destinatário
airmail	correio aéreo
change money	trocar dinheiro
charge, rate	tarifa
checking account/	conta corrente
current account (ING)	
credit	crédito
currency	moeda corrente
currency exchange	cambista/câmbio
deposit	depósito
destination	destino
exchange rate	taxa de câmbio
express	correio expresso
general delivery/	posta-restante
poste restante (ING)	
inland postage	tarifa para postagem interna
insured mail	carta com valor declarado
mail	correio, correspondência
opening hours	horário de funcionamento
package	pacote
parcels counter (ING)	balcão para pacotes
postage	postagem
postage abroad	postagem para o exterior
postcard	cartão-postal
registered mail/letter	carta registrada
sender	remetente
send money	enviar dinheiro
signature	assinatura
stamp	selo
to fill in	preencher
withdrawal	retirada, saque
zipcode/postcode (ING)	código postal

LIGAÇÕES TELEFÔNICAS

Há telefones públicos por toda parte nas grandes cidades norte--americanas. Nas menores, você os encontrará principalmente em lojas e postos de gasolina. A maior parte dos aparelhos funciona com moedas de 5, 10 ou 25 **cents**, mas é cada vez maior o número de aparelhos operados com cartões telefônicos pré-pagos (como no Brasil).

Os telefones **toll free** ou gratuitos (prefixos 800 e 888) são comuns nos EUA e ótimos para turistas, mas alguns hotéis exigem uma taxa pela ligação – informe-se antes na recepção. Os hotéis cobram caro por todas as ligações feitas do quarto; sai mais barato utilizar o telefone público do saguão.

Em uma ligação local feita de telefone público, a taxa mínima, de 25 **cents**, em geral vale para 3 minutos. Se passar disso, uma **operator** (telefonista) interrompe e pede que mais moedas sejam depositadas. Para fazer uma ligação direta internacional para o Brasil, disque 011, seguido do código do país (o do Brasil é 55), o código da cidade (sem o 0 inicial), depois o número local. Se quiser fazer uma ligação internacional a cobrar, via telefonista, peça **a collect call** ou **to call to collect**. Para o auxílio à lista internacional disque 00; se precisar de ajuda, chame a telefonista internacional no 01.

O sistema telefônico britânico é eficiente e barato. Nas cidades, há telefones públicos em quase todas as esquinas, áreas comerciais, estações de trem e ônibus. Nas zonas rurais, é mais comum encontrá-los nos pontos de ônibus e no centro das aldeias. Além de moedas e cartões telefônicos, alguns aparelhos mais modernos aceitam cartão de crédito.

Se quiser fazer uma ligação internacional direta para o Brasil, disque 00, o código do país (o do Brasil é 55), o código da cidade (sem o 0 inicial), depois o número local. Para fazer a ligação via telefonista, disque 155. Para mais informações, tecle 155. A telefonista fica no 100; o auxílio à lista, no número 192. Ou então, consulte as **Yellow Pages** (Páginas Amarelas).

PALAVRAS E FRASES ÚTEIS

aparelho (fone)	receiver	ri-_si_-vêr
cabine telefônica	telephone booth	_té_-le-foun _búf_
cartão de telefone	phonecard	_foun_-kard
chamada a cobrar	collect call, reverse charge call	ko-_lékt_ kól, ri-_vêrs_ tchardj kól
chamada internacional	international call	in-têr-_né_-tchio-nal kól
discar	dial	_dai_-ou
emergência	emergency	i-_mâr_-djen-si
informações	information/ enquiries (ING)	in-for-_mei_-chân/ en-_kuai_-êrs
linha cruzada	crossed line	_króst_ lain
lista telefônica	telephone directory	_té_-le-foun di-_rék_-tâ-ri
número	number	_nâm_-bêr
número errado	wrong number	róng _nâm_-bêr
ocupado (a)	busy	_bi_-zi
prefixo	code	koud
ramal	extension	eks-_ten_-tchân
sinal de discagem	dialling tone	_dai_-lin _tou_-ne
telefonar	call	kól
telefone	telephone	_té_-le-foun
telefone com uso de cartão	cardphone	_kard_-foun
telefonema	call	kól
telefone público	payphone	_pei_-foun
telefonista	operator	ó-pê-_rei_-târ

Onde fica a cabine telefônica mais próxima?
Where is the nearest phone booth?
_uér iz de _ni_-êr-est _foun_ _búf__

Há uma lista telefônica?
Is there a telephone directory?
_iz dér a _té_-le-foun di-_rék_-tâ-ri_

Eu gostaria de ver a lista telefônica de Nova York
I would like the directory for New York
ai uud laik de di-rék-tâ-ri fór niu iórk

Posso ligar daqui para o exterior?
Can I call abroad from here?
kén ai kól a-bród from rri-êr

Quero que seja a cobrar
I would like to make a collect call
ai uud laik tu meik a ko-lékt kól

Quero um número em Miami
I would like a number in Miami
ai uud laik a nâm-bêr in mai-á-mi

Pode me dar uma linha externa?
Can you give me an outside line?
kén iu guiv mi an aut-said lain

Como posso conseguir uma linha externa?
How do I get an outside line?
rrau do ai guét an aut-said lain

Alô, aqui quem fala é Ana
Hello, this is Ana speaking
rré-lou, dis is â-na spi-kin

É o Mário?
Is that Mario?
is dét má-rio

Sou eu/pode falar
Speaking
spi-kin

Eu gostaria de falar com a Paula
I would like to speak to Paula
ai uud laik tu spik tu pau-la

Ramal 34, por favor
Extension thirty four, please
eks-ten-tchân fê-ri fór, plíz

Por favor, diga-lhe que Marina ligou
Please tell him/her Marina called
plíz tél rrim/rrêr ma-ri-na kóld

Diga-lhe que me telefone, por favor
Ask him/her to call me back, please
esk rrim/rrêr to kól mi bék, plíz

Meu número é 75 35 22
My number is seven three five two two
mai nâm-bêr is sé-ven faiv fri faiv tú tú

Você sabe onde ele/ela está?
Do you know where he/she is?
du iu nou uér rri/chi is

Quando ele/ela estará de volta?
When will he/she be back?
uen uil rri/chi bi bék

Posso deixar um recado para ele/ela?
Could you leave him/her a message?
kuud iu liv rrim/rrêr a mé-sâdj

Voltarei a ligar mais tarde
I'll call back later
au kól bék lei-têr

Desculpe, foi engano
Sorry, I've got the wrong number
só-ri, aiv gót de rong nâm-bêr

O (A) senhor (a) discou o número errado
You've got the wrong number
iuv gót de rong nâm-bêr

ALFABETO

a	*ei*	h	*éitch*	o	*ou*	v	*vi*
b	*bi*	i	*ai*	p	*pi*	w	*dâbliú*
c	*ci*	j	*djêi*	q	*kiu*	x	*eks*
d	*di*	k	*kei*	r	*ar*	y	*uái*
e	*i*	l	*el*	s	*és*	z	*zi*
f	*ef*	m	*ém*	t	*ti*		
g	*dji*	n	*én*	u	*iú*		

FRASES QUE VOCÊ VAI OUVIR

Hello
Alô

Speaking
Sou eu/Pode falar

Who would you like to speak to?
Com quem deseja falar?

You've got the wrong number
O (A) senhor (a) discou o número errado

Who's calling?
Quem fala?

Hold in line, please/Hold on, please
Espere um momento, por favor

I'm sorry, he/she's not in
Sinto muito, ele/ela não está

Can I call back later?
Posso ligar mais tarde?

What is your number?
Qual é o seu número?

→

He/She'll be back at … o'clock
Ele/Ela voltará às … horas

Please, call again tomorrow
Ligue de novo amanhã, por favor

I'll tell him/her you called
Direi a ele/ela que o (a) senhor (a) ligou

EXPRESSÕES QUE VOCÊ VAI ENCONTRAR

call	chamada
codes	prefixos, códigos
coin	moeda
dial	discar, teclar o número
dial the number	discar o número
direct dialling	discagem direta
faults service	não funciona
free service	serviço gratuito
hang up	levantar o fone
insert coins	inserir moedas
local call	chamada local, urbana
local exchange, operator	central telefônica, telefonista
long-distance call	chamada interurbana
number	número
out of order	não funciona
phone	aparelho, telefone
phonecard	cartão de telefone
receiver	fone
telephone booth	cabine telefônica
telephone directory	lista telefônica
telephone tokens	fichas telefônicas
to lift	erguer
tone	sinal de discagem
useful numbers	números úteis
Yellow Pages	Páginas Amarelas

EMERGÊNCIAS

Nos EUA, em casos de emergência, o número 911 aciona a polícia, a ambulância e os bombeiros. A chamada é grátis dos telefones públicos, e nas rodovias há telefones de emergência a cada milha (cerca de 1,6 km). Você pode obter mais informações e recomendações gerais na **Traveler's Aid Society**, uma organização nacional de ajuda a viajantes.

Todas as cidades têm pronto-socorro médico e dentário que funciona 24 horas por dia e atende casos de menor gravidade. Problemas simples são resolvidos em farmácias, que ficam abertas até tarde. Em casos graves, procure um **Hospital Emergency Room** (pronto-socorro) ou um dos hospitais particulares das **Yellow Pages** (Páginas Amarelas). Esses serviços costumam ser caros, por isso convém fazer um bom seguro de viagem.

Se seu carro quebrar, disque 911 e espere pela polícia rodoviária. Quem viaja sozinho pode alugar um telefone celular, disponível a preços baixos na maioria das locadoras de automóveis. O contrato de locação indica o telefone de emergência da empresa. Ligue para lá primeiro, pois muitas contam com seu próprio sistema de ajuda ao usuário. Se o problema for grave, o carro será substituído. A **American Automobile Association** (**AAA**) também tem serviço de guincho e poderá orientá-lo.

Na Inglaterra, em caso de emergência, ligue para o número 999 para chamar a polícia, os bombeiros ou a ambulância, em atividade 24 horas por dia. A chamada é gratuita tanto de telefones particulares quanto públicos. No litoral, esse número também dá acesso ao serviço voluntário de resgate.

Para atendimentos médicos de rotina ou emergências, procure o **National Health Service** (**NHS**), que é gratuito. Alguns hospitais têm também atendimento dentário de emergência, mas, se você preferir um dentista particular, procure nas **Yellow Pages**.

Se tiver um problema mecânico ou de avaria do carro alugado, antes de mais nada ligue para a locadora, que deverá lhe fornecer todo tipo de serviço de socorro. Se sofrer um acidente com lesões ou que danifique outro veículo, chame a polícia.

Palavras e Frases Úteis

acidente	accident	_ék_-si-dent
agredir	assault	a-_sóut_
ambulância	ambulance	_ém_-biu-lâns
assaltante	burglar	_bâr_-glâr
avaria, defeito	breakdown	_breik_-daun
batedor de carteiras	pickpocket	pik-_pó_-ket
batida	crash	kréch
colidir, bater	crash	kréch
corpo de bombeiros	fire department	_fai_-er de-_part_-ment
danificar	break down	_breik_-daun
delegacia de polícia	police station	po-_lis_ _stei_-chân
emergência	emergency	i-_mâr_-djen-si
ferido	injured	in-_djurd_
fogo	fire	_fai_-er
furtar	rob	rób
furto	burglary	_bâr_-glâ-ri
incêndio	fire	_fai_-er
inundação	flood	flâd
ladrão	thief	fiv
patrulheiro	patrolman	pa-_trou_-men
perder	lose	luz
polícia	police	po-_lis_
policial	policeman, policewoman	po-_lis_-men, po-_lis_-uu-mân
pronto-socorro	emergency room/ casualty department (ING)	i-_mâr_-djen-si _rúm_/ _ke_ ju-al-ti de-_part_-ment
rebocar	tow	tou
roubar	steal	stil
roubo	theft	_féft_

Socorro!
Help!
rrélp

Cuidado!
Look out!
luk-aut

Pare!
Stop!
stóp

Esta é uma emergência!
This is an emergency!
dis is an i-mâr-djen-si

Chame uma ambulância!
Get an ambulance!
guét an ém-biu-lâns

Depressa!
Hurry up!
rrâ-ri áp

Por favor, mande uma ambulância para ...
Please send an ambulance to ...
plíz send an ém-biu-lâns tu

Por favor, venha a ...
Please come to ...
plíz kâm tu

Meu endereço é ...
My address is ...
mai é-dres is

Ladrões entraram na casa
We've had a break-in
uiv rréd a breik-in

Há um incêndio ...
There's a fire at ...
dérz a fai-er ét

Há uma pessoa ferida
Someone's been injured
sâm-uâns bin in-djurd

Uma pessoa foi atropelada
Someone's been knocked down
sâm-uâns bin nókt daun

Ele/Ela desmaiou/está inconsciente
He/She is fainted
rri/chi is fêin-tid

Roubaram meu passaporte/meu carro
My passport/car has been stolen
mai pes-port/kar rres bin stou-len

Perdi meus cheques de viagem
I've lost my traveller's cheques
aiv lóst mai tré-vâ-lêrs tchék

Quero informar sobre o roubo de um cartão de crédito
I want to report a stolen credit card
ai uânt tu ri-pórt a stou-len kré-dit kárd

Ele foi roubado do meu quarto
It was stolen from my room
it uós stou-len from mai rúm

Eu o perdi no parque/na estação
I lost it in the park/at the station
ai lóst it in de park/ét de stei-chân

Minha bagagem se extraviou
My luggage has gone missing
mai lâ-gâdj rrés gân mi-sin

Minha bagagem já apareceu?
Has my luggage been found yet?
rrés mai lâ-gâdj bin faund iét

Sofri um acidente com o carro
I've crashed my car
aiv <u>krecht</u> mai <u>kar</u>

Alguém forçou meu carro
My car's been broken into
mai <u>kars</u> bin <u>brou</u>-ken <u>in</u>-tu

O número da placa é ...
The plate number is ...
de pleit <u>nâm</u>-ber is

Eu fui agredido (a)
I've been mugged
aiv bin <u>mâgd</u>

Meu filho sumiu/se perdeu
My son's missing/got lost
mai <u>sons</u> <u>mi</u>-sin/<u>gót</u> <u>lóst</u>

Seu cabelo é loiro/castanho
He/She has blond/brown hair
rri/chi rrés <u>blond</u>/<u>braun</u> rrér

Tem ... anos
He's/She's ... years old
<u>rris</u>/<u>chis</u> ... iers oud

Fiquei trancado (a) do lado de fora
I've locked myself out
aiv <u>lókt</u> <u>mai</u>-self aut

Ele/Ela está se afogando!
He/She is drowning!
rri/chi is <u>drau</u>-nin

Ele/Ela não sabe nadar!
He/She can't swim!
rri/chi <u>ként</u> su-<u>im</u>

Expressões que Você Vai Encontrar

all-night pharmacy/ late-night chemist's (ING)	farmácia de plantão
ambulance	ambulância
breakdown service	resgate de estrada
emergency phone numbers	números de emergência
emergency service	serviço de emergência
fire department	corpo de bombeiros
first aid	primeiros socorros
hospital	hospital
mountain rescue	resgate de montanha
police	polícia militar
police station	delegacia de polícia
rescue	resgate
telephone	telefone
traffic police	polícia de trânsito

Frases que Você Vai Ouvir

What is your address, please?
Qual é seu endereço, por favor?

Where are you?
Onde o (s) senhor (es)/a (s) senhora (s) está (ão)?

Can you describe it/him/her?
Pode descrevê-lo (a)?

SAÚDE

Tanto nos EUA como na Inglaterra, os serviços médicos e odontológicos particulares costumam ser caros. Por isso, o ideal para o turista brasileiro é fazer um seguro-saúde (que cubra todas as eventualidades, inclusive emergências) antes da viagem, ou certificar-se de que seu plano de saúde inclui cobertura no exterior. Em geral, os médicos e dentistas exigem pagamento em dinheiro ou em cheque de viagem; alguns hospitais aceitam cartões de crédito internacionais.

Se você toma algum medicamento regularmente, inclua-o na bagagem em quantidade suficiente para o período da viagem.

Os problemas de saúde de menor gravidade podem ser resolvidos em farmácias (**drugstores** ou **pharmacies**, nos EUA; **chemists** ou **pharmacists**, na Inglaterra). No caso de uma emergência médica mais séria, procure imediatamente um pronto-socorro ou chame uma ambulância. Consulte as Páginas Amarelas (**Yellow Pages**) ou informe-se na recepção do hotel sobre o número de telefone da clínica, do médico (**doctor**) ou dentista (**dentist**) mais próximos.

PALAVRAS E FRASES ÚTEIS

acidente	accident	_ék_-si-dent
alérgico	allergic	a-_lêr_-djik
ambulância	ambulance	_ém_-biu-lâns
amígdalas	tonsils	_ton_-sils
analgésico	painkiller	pein-_ki_-lêr
anêmico	anemic/anaemic (ING)	â-_né_-mik
apêndice	appendix	â-_pén_-diks
apendicite	appendicitis	â-_pén_-di-_saits_
arranhão	scratch	skrétch
asma	asthma	_és_-ma
aspirina	aspirin	_és_-pâ-rin
bandagem	bandage	_ben_-dâdj
bexiga	bladder	_blé_-dêr
braço	arm	árm

cabeça	head	_rréd_
calo	corn	_kórn_
câncer	cancer	_kén-sêr_
catapora	chickenpox	_tchi-ken-póks_
caxumba	mumps	_mâmps_
comoção cerebral	concussion	_kon-kâ-chon_
coceira	itch	_itch_
coqueluche	whooping cough	_uu-pin kóf_
coração	heart	_rrart_
corte	cut	_kât_
dentista	dentist	_dén-tist_
diabetes	diabetes	_dai-a-bi-tis_
diarreia	diarrhoea	_dai-a-rri-a_
doador de sangue	blood donor	_blâd dó-nor_
doente	ill	_il_
dor	pain	_pein_
dor de cabeça	headache	_rréd-eik_
dor de dente	toothache	_tuf-eik_
dor de garganta	sore throat	_sór-trout_
dor de ouvido	earache	_i-êr-eik_
dor nas costas	backache	_bék-eik_
enfermeiro (a)	nurse	_nârs_
enjoo	travel sickness	_tré-vâl sik-nes_
enxaqueca	migraine	_mi-grein_
esparadrapo	plaster	_plés-têr_
estômago	stomach	_stô-mak_
farmacêutico	pharmacist/ chemist (ING)	_far-ma-sist/ ke-mist_
farpa	splinter	_splin-têr_
febre	fever	_fi-vêr_
febre do feno	hayfever	_rrei-fi-vêr_
ferroada	sting	_sting_
fígado	liver	_li-vêr_
fratura	fracture	_frek-tchâr_
gesso	cast/plaster of Paris (ING)	_kést/plés-têr ov pé-ris_

grávida	pregnant	_prég-nant_
gripe	flu	_flu_
hemorragia	haemorrhage	_rré-mâr-idj_
hipertenso	hypertensive	_rrai-pêr-ten-siv_
hospital	hospital	_rrôs-pi-tal_
indigestão	indigestion	_in-di-djes-tchân_
infarto	heart attack	_rrart aték_
injeção	injection, shot	_in-djék-tchân, chót_
lentes de contato	contact lenses	_kon-takt lens_
mão	hand	_rrend_
médico	doctor	_dók-tor_
mordida	bite	_bait_
náusea	nausea	_nó-zi-a_
nódulo	lump	_lâmp_
obturação	filling	_fi-lin_
oculista	ophthalmologist	_of-tal-mo-lo-djist_
operação	operation	_ó-pâ-rei-tchân_
osso	bone	_bón_
peito	chest	_tchêst_
penicilina	penicillin	_pe-ni-si-lin_
perna	leg	_lég_
picada	sting	_sting_
pneumonia	pneumonia	_neu-mô-nia_
pressão alta/baixa	high/low-pressure	_rrai/lou-pré-chur_
prisão de ventre	constipation	_cons-ti-pêi-chân_
primeiros socorros	first aid	_fêrst eid_
pulmões	lungs	_lângs_
queimadura	burn	_bârn_
receita	prescription	_pres-krip-tchân_
remédio	medicine	_mé-di-sin_
resfriado	cold	_coud_
reumatismo	rheumatism	_reu-ma-tism_
rim	kidney	_kid-nei_
rubéola	German measles	_djêr-man mi-sous_
sangue	blood	_blâd_
sarampo	measles	_mi-sous_

temperatura	temperature	_tém_-per-tchur
tipo sanguíneo	blood type	_blâd_ taip
torcedura	sprain	sprein
tosse	cough	kóf
úlcera	ulcer	_âl_-sêr
vacinação	vaccination	veks-si-_nei_-tchân
varíola	smallpox	_smól_-póks
vesícula	blister	_blis_-têr
vomitar	vomit, throw up	_vó_-mit, trou _ap_

Sinto dor no (a) ...
I have a pain in …
ai _rrev_ a _pein_

Não me sinto bem
I do not feel well
ai _du_ _nót_ _fiil_ uél

Sinto-me fraco/desmaiando
I feel dizzy
ai _fiil_ _di_-zi

Sinto náuseas/Estou enjoado
I feel sick
ai fiil _sik_

Me dói aqui
It hurts here
it _rrârts_ _rri_-êr

É uma dor aguda/leve
It's a sharp/dull pain
its a _charp_/_dul_ _pein_

É uma dor constante
It hurts all the time
it _rrârts_ _ól_ de _táim_

Só dói de vez em quando
It only hurts now and then
it on-li *rrârts* *náu* end *den*

Dói quando é tocado
It hurts when you touch it
it *rrârts* *uen* iu *tâtch* it

Dói mais à noite
It hurts more at night
it *rrârts* *mór* ét *nait*

Arde
It stings/burns
it *stings*/bârns

Dói
It aches
it *eiks*

Estou com febre
I have fever
ai *rrev* *fi*-vêr

Preciso de uma receita para ...
I need a prescription for ...
ai *nid* a pres-*krip*-tchân fór

Normalmente eu tomo ...
I normally take ...
ai *nór*-ma-li *teik*

Sou alérgico (a) a ...
I'm allergic to ...
aim a-*lêr*-djik tu

O (A) senhor (a) tem algo para ...?
Do you have anything for ...?
du iu *rrev* *eni*-fin fór

É necessário uma receita para ...?
Do I need a prescription for ...?
du ai nid a pres-krip-tchân fór

Perdi uma obturação
I have lost a filling
ai rrev lóst a fi-lin

Ele/Ela vai ficar bem?
Will he/she be all right?
uil rri/chi bi ól rait

Ele/Ela vai precisar de uma operação?
Will he/she need an operation?
uil rri/chi nid an ó-pâ-rei-tchân

Como ele/ela está?
How is he/she?
rrau is rri/chi

EXPRESSÕES QUE VOCÊ VAI ENCONTRAR

all-night pharmacy/ late-night chemist's (ING)	farmácia de plantão
ambulance	ambulância
dermatologist	dermatologista
doctor	médico
doctor on duty	médico de plantão
ear, nose and throat specialist	otorrinolaringologista
first aid/casualty ward (ING)	pronto-socorro
gynaecologist	ginecologista
hospital	hospital
infirmary	enfermaria
in-patient	internado
ophthalmologist	oftalmologista
optician	oculista
specialist	especialista

→

surgeon	cirurgião
surgery	cirurgia
surgery room/	sala de operações
operating theatre (ING)	
visiting hours	horário de visitas
waiting room	sala de espera
ward	ala (de hospital)

Frases que Você Vai Ouvir

With water
Para tomar com água

Chew them
Mastigue-os

Once/twice/three times a day
Uma/duas/três vezes por dia

At bedtime
Ao se deitar

In the morning
Pela manhã

What do you normally take?
O que o (a) senhor (a) toma normalmente?

I think you should see a doctor
O (A) senhor (a) deveria consultar um médico

I'm sorry, we don't have/sell that
Lamento, não temos/vendemos isso

You need a prescription for that
Para isto é necessário uma receita médica

TABELAS DE CONVERSÃO

Vestidos, casacos e capas femininos

EUA	6	8	10	12	14	16	18
Inglaterra	10	12	14	16	18	20	22
Brasil	40	42	44	46	48	50	52

Calçados femininos

EUA	6	6,5	7	7,5	8	8,5
Inglaterra	4,5	5	5,5	6	6,5	7
Brasil	36	37	38	38,5	39	40

Ternos e sobretudos masculinos

EUA	36	38	40	42	44
Inglaterra	36	38	40	42	44
Brasil	46	48	50	52	54

Camisas masculinas

EUA	14	14,5	15	15,5	16
Inglaterra	36	37	38	39	40
Brasil	36	37	38	39	40

Calçados masculinos

EUA	5,5	6,5	7,5	8,5	9,5
Inglaterra	37-38	39	40	41	42
Brasil	37-38	39	40	41	42

Distâncias – milha (mile)

milhas	0,62	1,24	1,86	2,43	3,11	3,73	4,35	6,21
milhas ou km	1	2	3	4	5	6	7	10
km	1,61	3,22	4,83	6,44	8,05	9,66	11,27	16,10

Pesos – libra (pound)

libras	2,20	4,41	6,61	8,82	11,02	13,23	19,84	22,04
libras ou kg	1	2	3	4	5	6	9	10
kg	0,45	0,91	1,36	1,81	2,27	2,72	4,08	4,53

Temperatura

°Celsius	-10	0	5	10	20	30	36,9	40
°Fahrenheit	14	32	41	50	68	77	98,4	104

MINIDICIONÁRIO

O minidicionário contém todos os termos encontrados em cada seção deste livro e mais uma seleção das principais palavras necessárias para você se comunicar em inglês. Adotou-se como base de pronúncia o inglês americano. Nos casos em que os termos forem particularmente diferentes no inglês britânico, haverá uma indicação com a sigla **ING**. Os verbos apresentados no infinitivo são precedidos de '**to**'.

A
a the
à at
  à meia-noite at midnight
abacaxi pineapple
abafado (a) sweltry
abaixo below, down
abajur table lamp, lampshade
aberto (a) opened
abotoadura cuff link
abril April
abridor de latas can-opener
abrir to open
acampar to camp
acelerador accelerator
acerca about, near
achar to find
acidente accident
acima above
acomodação accommodation
açougue butcher's
acreditar to believe
açúcar sugar
adega wine merchant's
adesivo sticker
adesivo (a) adhesive
adeus goodbye/cheerio (ING)
adiar to postpone

adormecido (a) sleeping
  ele está adormecido he is sleeping
adulto (a) adult
aeroporto airport
a fim de in order to, in order that
afinal after all, finally
agasalho esportivo tracksuit
agência agency
  agência de viagens travel agency
  agência dos Correios post office
  agente de viagens travel agent
agente imobiliário real estate agent/
  estate agent (ING)
agora now
  até agora until now, up to now
agosto August
agradecer to thank
agredir to assault
água water
  água mineral (still) mineral water
  água mineral com gás sparkling mineral water
  água potável drinking water
agulha needle
aí there
Aids Aids
ainda yet, still
  ainda não not yet

121

ajuda help, aid
ajudar to help
  pode me ajudar? can you help me?
ala *(de hospital)* ward
alarme de emergência emergency
  alarm
alavanca lever
  alavanca de câmbio gear lever
albergue da juventude youth hostel
álcool alcohol
aldeia village
além beyond
Alemanha Germany
alemão (ã) German
alérgico (a) allergic
alfaiataria tailor's
alfândega customs
alfinete pin
  alfinete de segurança safety pin
algo something, somewhat
algodão cotton
  algodão hidrófilo cotton wool
alguém somebody, someone
algum (a) some, any
  em algum lugar somewhere
alho garlic
ali, lá there
alimento food
almoço lunch
alojamento e café da manhã bed
  and breakfast
alpinismo alpinism
alta qualidade high quality
alto (a) high, tall
altura height
alugar to rent
  aluga-se for rent
aluguel renting/hiring (ING)
amanhã tomorrow
  amanhã à noite tomorrow night
  amanhã de manhã tomorrow
  morning
amar to love
amarelo (a) yellow

amargo (a) bitter
amável kind
ambulância ambulance
amendoim peanut
América America
americano (a) American
amigável friendly
amígdalas tonsils
amigo (a) friend
amor love
amora mulberry
analgésico painkiller
andar *(verbo)* to walk
andar *(pavimento)* floor
  andar superior upper floor
  andar térreo ground floor
anel ring
anêmico (a) anemic/anaemic (ING)
aniversário birthday
  feliz aniversário happy birthday
ano year
  ano passado last year
  ano que vem next year
  tenho … anos I'm … years old
Ano-Novo New Year
anteontem the day before yesterday
antepasto starter
antes before, first
anticoncepcional contraceptive
antigo (a) old, antique, ancient
antisséptico antiseptic
aparar to trim
aparelho *(fone)* receiver
aparelho de fax fax machine
aparelho de vídeo video recorder
apartamento apartment, flat
à parte aside, apart
apêndice appendix
apendicite appendicitis
aperitivo *(bebida)* apéritif
apertado (a) tight
apetite appetite
apontador de lápis pencil sharpener
após-barba aftershave

aprender to learn
aquecedor heater
  aquecedor de água water heater
aquecimento central heating
aquele (a), aqueles (as) that, those
  [ver **esse (a)**]
aqui here
  aqui está meu cartão here's my card
  aqui está! here you are!
ar air
aranha spider
ar-condicionado air-conditioner
área area
  área de camping campsite
  área de estacionamento parking area
  área de serviço service area
  área de trailers caravan site
areia sand
armário chest, cupboard
  armário embutido wardrobe
armazém food store
arpão submarino harpoon
arranhão scratch
arroz rice
arte art
artista artist
árvore tree
asa wing
asa-delta hang-gliding
asma asthma
aspirador de pó vacuum cleaner
aspirina aspirin
assaltante burglar
assento seat
  assento na janela window seat
  assento no corredor aisle seat
  assento reservado reserved seat
assim so, thus
  assim como as well as
  assim que possível as soon as possible
assinatura signature
às vezes sometimes

atar to tie, to fasten
até until, till
  até logo goodbye
  até mais tarde see you later
atenção attention
aterrissar to land
atletismo athletics
atraente attractive
atrás back, behind
atraso delay
através through
Austrália Australia
australiano (a) Australian
automático (a) automatic
autopista motorway
avaria, defeito *(no carro)* breakdown
ave bird
  aves domésticas poultry
avião airplane, avion, plane, aircraft
avô (ó) grandfather/grandmother
  os avós grandparents
azeite olive oil
azeitona olive
azul blue

B

bacon bacon
bagagem baggage, luggage
  bagagem de mão hand luggage
baixo (a) short
balcão counter
  balcão de registro *(aeroporto, hotel)* check-in counter, check-in desk
  balcão para pacotes parcels counter (ING)
balde bucket
banana banana
banca de frutas fruit stand
banca de jornais newsstand
banco *(de dinheiro)* bank
banco *(para sentar)* bench
banda musical band
bandagem bandage
bandeira flag

bandeja tray
banheira bath (tub)
banheiro bathroom
  banheiro (*público*) toilet
banho bath
bar bar, snack bar
baralho deck/pack of cards
barata cockroach
barato (a) cheap
barba beard
barbante string
barbear (*verbo*) to shave
barbeiro barber shop
barco, balsa boat
  aluguel de barcos boat renting
  barco de pedais pedal boat
barraca tent, hut
barulhento (a) noisy
basquete basketball
bastante enough
batata potato
batedor (a) de carteiras pickpocket
bateria (*de carro*) battery
batida (*de veículo*) crash
batom lipstick
bebê baby
beber to drink
bebida beverage, drink
  bebidas alcoólicas spirits, liquors
bege beige
beisebol baseball
Bélgica Belgium
belga Belgian
belo (a) beautiful
bem good, fine, well
  muito bem! very well!
bem-vindo (a) welcome
bexiga (*corpo*) bladder
biblioteca library
bicicleta bicycle, bike
  aluguel de bicicletas bike/cycle renting
  andar de bicicleta go cycling/biking
bife beef, beefsteak

bigode moustache
bilheteria booking-office
biscoito biscuit
blusa blouse
boate night-club
boca mouth
bola ball
boliche bowling
bolha (*de sabão*) bubble
bolo cake
bolsa purse, bag
bolso pocket
bom (a) good
  bom dia good morning
  boa noite good night, good evening
  boa tarde good afternoon
bonde elétrico, bondinho cable car
boné cap
boneca doll
bonito (a) pretty
bordado embroidery
borracha (*para apagar*) eraser
borracheiro tyre repairs
bota boot
botão (*de roupa, aparelhos*) button
bracelete bracelet
braço arm
branco (a) white
Brasil Brazil
brasileiro (a) Brazilian
brincos earrings
brinquedo toy
britânico (a) British
broche brooch
bronzeado (a) (sun)tanned
bronzeador suntan lotion
bronzear-se to get a (sun)tan
butique boutique
buzina (*de carro*) horn

C
cabeça head
cabeleireiro (a) hairdresser, hair stylist
cabelo hair

cabide hanger, rack, peg
cabine telefônica telephone booth
caça hunting
caçarola casserole, stew-pan
cachimbo pipe
cachorro dog
cada each, every
cadeado padlock
cadeira chair, seat
  cadeira de rodas wheelchair
café (*bebida*) coffee
café (*local*) café
café da manhã breakfast
cãimbra cramp
caixa (*recipiente*) box
  caixa de câmbio gear box
  caixa de correio mailbox/
  postbox (ING)
  caixa de fusíveis fusebox
caixa till, cash point, cash desk
caixa eletrônico ATM, cash dispenser
calçada sidewalk/pavement (ING)
calcanhar heel
calças pants, trousers
calcinha (*feminina*) panties
caldeira boiler
calo corn
calor heat
cama bed
  cama de casal double bed
  cama de solteiro single bed
  cama dobrável camp cot, camp bed
camarão shrimp
camareira maid
câmbio automático automatic
câmbio de moeda, cambista currency exchange
câmbio manual manual
câmera de vídeo vide camera
câmera fotográfica camera
caminhão truck/lorry (ING)
caminho way, path
camisa shirt
camiseta T-shirt, vest

camisinha condom
camisola nightdress
campainha bell
campo field
campo de golfe golf course
Canadá Canada
canadense Canadian
canal channel
canção song
cancelar to cancel
câncer cancer
caneta pen
  caneta hidrográfica felt tip pen
  caneta-tinteiro fountain pen
canivete penknife
cano pipe
cano de escapamento exhaust
canoa canoe
canoagem canoeing
cansado (a) tired
cantar to sing
canto (*de sala*) corner, angle
canto (*musical*) song
capa de chuva raincoat
capô hood/bonnet (ING)
caranguejo crab
carburador carburettor
cardápio menu
carne meat
caro (a) expensive
carrinho trolley
  carrinho de bebê stroller/pushchair (ING)
  carrinho de bagagens luggage trolley
carro car
carta letter
  carta registrada registered mail
  carta de vinhos wine list
cartão card
  cartão de crédito credit card
  cartão de embarque boarding card, boarding pass
  cartão de telefone phonecard
  cartão de viagem travel card

cartão-postal postcard
carteira *(de dinheiro)* purse
carteira de habilitação driver's licence
carteiro postman
carvão charcoal
casa house
casaco coat
casado (a) married
casamento marriage, wedding
castelo castle
catapora chickenpox
catarata *(queda-d'água)* waterfall
catedral cathedral
catorze fourteen
cavalgar to ride a horse
caverna cave, cavern
caxumba mumps
cebola onion
cedo early
cego (a) blind
cem one hundred
cemitério cemetery
cenoura carrot
centro center
   centro da cidade downtown/
   town centre (ING)
   centro esportivo sports centre
cera para carro car wax
cerca de near, about
cereja cherry
certo (a) right
cerveja beer
cesta basket
céu sky, heaven
chá tea
chamada call
   chamada a cobrar collect call,
   reverse charge call
   chamada internacional
   international call
   chamada interurbana long-distance
   call
   chamada local, urbana local call
chamar to call

chapéu hat
charuto cigar
chato (a) *(superfície)* flat
chave key
chave de fenda screwdriver
chave inglesa monkey-wrench
chefe boss, chief
chegada arrival
chegar to arrive
cheio (a) full
cheiro smell, odor
cheque check/cheque (ING)
   cheque de viagem traveller's
   cheque
   talão de cheques check book/
   cheque book (ING)
chinelos slippers
chocolate chocolate
chorar to cry, to weep
churrasco barbecue
chuva rain
chuveiro shower
ciclismo cycling, biking
ciclovia bike/cycle path
cidade town, city
cigarro cigarette
cinco five
cinema cinema, movie theater
cinquenta fifty
cinto de segurança seat belt
cinza *(cor)* grey
cinzeiro ashtray
cirurgia surgery
cirurgião surgeon
claro (a) clear
classe class
cliente, freguês (esa) customer
cobertor blanket
coceira itch
código postal zipcode/postcode (ING)
cogumelo mushroom
cola glue
colar *(adorno)* necklace
colarinho collar

colchão mattress
coleta postal collection
colete jacket, waistcoast, vest
colete salva-vidas life jacket
colher spoon
colher de chá teaspoon
colidir, bater to crash
colocar to put, to set
com with
começar to begin, to start
comer to eat
comida food
comissário (a) de bordo flight
  attendant/steward (ess)
como how
  como vai/vão? how are you?
  como vão as coisas? how are things?
comoção cerebral concussion
compartimento compartment
comprar to buy
compreender to understand,
  to comprehend
  não compreendo I don't understand
comprimento lenght
computador computer
comum usual, common, ordinary
concerto concert
concha shell
condicionador de cabelo conditioner
conexão connection
confeitaria cake shop, confectioner's
  shop
confortável comfortable
conhaque cognac
conhecer to know
  prazer em conhecê-lo (a) nice to
meet you
conseguir to get
conserto de sapatos shoe repair shop
consulado consulate
conta bill, check
  conta-corrente checking account/
  current account (ING)
contra against

controle de bagagens baggage
  control
controle de passagens ticket
  inspection
controle de passaportes passport
  control
conversar to talk, to chat
convite invitation
copas (naipe) hearts
coqueluche whooping cough
cor color, colour
coração heart
corda rope
cor-de-rosa pink
corpo body
corpo de bombeiros fire department
corredor corridor
correia do ventilador fanbelt
correio mail, post office
  correio aéreo airmail
  correio comum surface mail
  correio expresso express mail
correspondência mail
correntezas perigosas dangerous
  currents
correr to run
cortar to cut
corte cut
cortina curtain
coser (costurar) to sew
cosméticos cosmetics
costas (corpo) back
cotovelo elbow
couro leather
couve cabbage
couve-flor cauliflower
cozinha kitchen
cozinhar to cook
cozinheiro (a) cook
crédito credit
creme cream
criança child
  crianças children
cruzamento junction, crossroads

cruzeiro cruise
cuecas underwear pants, underpants
cuidado! watch out!, look out
curto (a) short
custar to cost

D

damasco apricot
dançar to dance
danificar *(veículo)* to break down
dar to give
de of, from, by, on
decolagem departure
dedo finger
deficiente físico handicapped
deixar *(permitir)* to let
dele (a), deles (as) his/her/hers/
its, their/theirs
delegacia de polícia police station
delicioso (a) delicious
demasiado too much
dentadura false teeth
dente tooth
dentista dentist
dentro in, within
depois after
    depois de amanhã the day after
    tomorrow
depositar to deposit
    depósito de bagagens left luggage
    office
depressão depression
dermatologista dermatologist
descansar to rest
descarga drain
descer to come down/to go down
desconto discount
desculpe! sorry!
desde since, from
desenvolver to develop
deslizamentos falling rocks
desmaiar to faint
desodorante deodorant
despertador alarm clock

128

destinatário addressee
destino destination
desvio diversion
detestar to hate
    eu detesto ... I hate ...
dever to must, to ought
devolver to return
dez ten
dezembro December
dezenove nineteen
dezesseis sixteen
dezessete seventeen
dezoito eighteen
dia day
    dias úteis working days
    daqui a três dias in three days
    o dia todo all day long
    todos os dias every day
diabetes diabetes
diamante diamond
diante de in front of
diarreia diarrhoea
dicionário dictionary
diesel diesel
diferente different
difícil difficult
dinheiro money
    pagar em dinheiro pay cash
direito (a) right
    à direita to the right
dirigir to drive
    dirigir em baixa velocidade drive
    at walking speed
discagem direta direct dialling
discar, teclar to dial
    discar o número dial the number
divertido (a) funny
divorciado (a) divorced
dizer to say, to tell
    O que disse? What did you say?
doador de sangue blood donor
doçaria confectionery
doce sweet
doente ill

dois two
dólar dollar
domingo Sunday
dor ache, pain
  dor de cabeça headache
  dor de dente toothache
  dor de garganta sore throat
  dor de ouvido earache
  dor nas costas backache
dormir to sleep
dormitório bedroom
doze twelve
durante during
duro (a) hard
dúzia dozen

E

e and
edifício building
edredom duvet/continental quilt (ING)
elástico elastic
ele (a), eles (as) he/she/it, they
  ele é loiro he is blond
  elas têm dinheiro they have money
eletricidade electricity
eletricista electrician
eletrodomésticos electrical
  appliances
elevador lift, elevator
em at, in, by, on
  em frente in front
embaixada embassy
embaixo below
embreagem clutch
emergência emergency
  números de emergência emergency
  phone numbers
  serviço de emergência emergency
  service
empregado (a) cleaner, maid
empresa company
empurrar to push
encanador plumber
encontro meeting

endereço address
enfermaria infirmary
enfermeiro (a) nurse
enfim finally
enjoo travel sickness
ensolarado (a) sunny
então then
entender to understand
entrada *(refeição)* starter
entrada entrance, way in
  entrada grátis admission free
  entrada particular private entrance
  entrada proibida no admittance,
  no entry
entrar to enter, to come in
  entre! come in!
entre between, among
entrega delivery
entregar to deliver
entupido (a) clogged
envelope envelope
enviar to send
  enviar dinheiro send money
enxaqueca migraine
equipamentos de camping camping
  equipment
equipamentos de som audio
  equipment
equipamentos esportivos sports
  equipment
equipe, time team
equitação horse riding
era *(passado do verbo ser)* was, were
erguer to lift
erro mistake, error
ervilha pea
escadas stairs
  escada rolante escalator
escola school
escova brush
  escova de dentes toothbrush
  escova de cabelo hairbrush
escrever to write
escritório office

escuro (a) dark
esmalte de unhas nail polish
espadas *(naipe)* spades
Espanha Spain
espanhol (a) Spanish
esparadrapo plaster
especialista specialist
espelho mirror
esperar to wait
esporte sport
esposa wife
espuma foam
esquecer to forget
esquerdo (a) left
  à esquerda to the left
esqui ski
esqui aquático water-skiing
esquiar to ski
esqui cross-country cross-country
  skiing
esquina corner
esse (a)/isso/aquele (a)/aquilo,
  esses (as)/aqueles (as) that, those
  esse/aquele livro that book
  essa/aquela flor that flower
  isso é tudo that is all
  esses/aqueles carros those cars
  essas/aquelas pessoas those people
estação station
  estação de ônibus bus station
  estação terminal terminus
estacionamento car park, parking lot
estacionar to park
estádio stadium
estalagem, pensão guesthouse
estar to be
  eu estou aqui I am here
  você (s) está (ão) ... you are ...
  ele (a) está ... he/she/it is ...
  nós estamos ... we are ...
  eles (as) estão ... they are ...
estátua statue
estava *(passado do verbo estar)* was,
  were

este (a)/isto, estes (as) this, these
  este livro this book
  esta manhã this morning
  estes meninos these boys
  estas casas these houses
estômago stomach
estrada road
  estrada principal main road
  estrada secundária secondary road
estrangeiro (a) foreigner
estreito (a) narrow
estrela star
estudante student
eu I
exatamente exactly
excelente excellent
excursão trip, excursion
exemplo example
experimentar to try on
exposição exhibition

F

faca knife
fácil easy
facilidade facility
falar to speak
  fale mais devagar speak more
  slowly
  não falo inglês I can't speak English
falso (a) false
família family
fantástico!, maravilhoso! brilliant!
farinha flour
farmacêutico (a) pharmacist/
  chemist (ING)
farmácia pharmacy, drugstore/
  chemist (ING)
  farmácia de plantão all-night
  pharmacy/late-night chemist's (ING)
faróis headlights
farpa splinter
fatura, recibo receipt
fax fax
fazenda farm

fazendeiro (a) farmer
fazer to do, to make
febre fever
   febre do feno hayfever
fechado (a) closed
fechadura door lock, lock
fechar to close
feijão beans
feliz happy
feriado public holiday
férias holidays, vacations
ferido (a) injured
ferimento wound, injury
ferro iron
ferro de passar iron
ferroada sting
ferrovia railway
ferryboat ferryboat
ferver to boil
festa party
fevereiro February
ficha token
fígado liver
figo figo
fila row
fila *(em estrada)* traffic queue
filho (a) son/daughter
filme film, movie
fim end
fino (a) thin
flor flower
floresta forest
floricultura flower shop, florist's
fogão stove/cooker (ING)
fogo fire
fogueira bonfire
folha *(de planta)* leaf
folha *(de papel)* sheet
fome hunger
fora out, outside
fone *(parte do telefone)* receiver
formulário form
   formulário para a alfândega
   customs form

forno oven
forte strong
fósforo match
fotografar to photograph, to take a
   picture
fotografia photograph, photo, picture
fotógrafo (a) photographer
fraco (a) weak
fraldas descartáveis diapers/
   disposable nappies (ING)
framboesa raspberry
França France
francês (esa) Frenchman/Frenchwoman
frango pullet, chicken
franja *(cabelo)* fringe, bangs
fratura fracture
freguês (esa) customer, cliente
freio brake
frequentemente often
fresco (a) fresh
frigideira frying-pan
frio (a) cold
   está frio it's cold
fritar to fry
fronha de travesseiro pillow slip
fronteira frontier, border
fruta fruit
frutos do mar seafood
fumaça smoke
fumar to smoke
   fumante smoker
   não fumante non-smoker
   importa-se se eu fumar? do you
   mind if I smoke?
fumo tobacco
funcionar to work
fundo (a) deep
furo puncture, hole
furgão van
furtar to rob
furto burglary
fusível fuse
futebol soccer
futebol americano football

G

galão gallon [1 galão = ± 3,7 l (EUA);
[1 galão = ± 4,5 l (ING)]
garagem garage
garantia guarantee
garantir to guarantee, to warrant
garçom (nete) waiter/waitress
garfo fork
garganta throat
garrafa bottle
garrafas de oxigênio oxygen bottles
gás gas
gasolina gas/petrol (ING)
  gasolina aditivada four-star gas/
  four-star petrol (ING)
  gasolina comum two or three-star
  gas/two or three-star petrol (ING)
  gasolina sem chumbo unleaded
  gas/unleaded petrol (ING)
gato cat
geladeira fridge, refrigerator
geleia marmalade, jelly
gelo ice
  gelo na pista ice on road
gengibre ginger
gente people
gerente manager
gesso cast/plaster of Paris (ING)
gim gin
ginástica gymnastics
ginecologista gynaecologist
gíria slang, jargon
gola *(roupa)* collar
gordo (a) fat
gordura fat, grease
gorjeta tip
gostar to like
  você gosta de ...? do you like ...?
  gosto (de) ... I like ...
  não gosto (de) ... I don't like ...
gosto taste, flavour
governo government
Grã-Bretanha Great Britain
grampeador stapler

grande big
grátis free
gravata tie
grávida pregnant
graxa de sapato shoe polish
grelha grill
gripe flu
gritar to shout, to scream
grito scream, cry
grosso (a) thick
grupo group
gruta cave
guarda-chuva umbrella
guardanapo napkin/serviette (ING)
guarda-roupa wardrobe
guarda-sol parasol, sunshade
guia guide

H

habitual usual
hambúrguer hamburger
haver to have
  eu tenho ... I have ...
  ele (a) tem ... he/she has
  nós temos ... we have ...
havia *(passado do verbo haver)* had
hemorragia haemorrhage
hipermercado hypermarket
hipertenso (a) hypertensive
história history
hoje today
homem man
homossexual homosexual, gay
honesto (a) honest
hóquei sobre gelo ice-hockey
hora hour
  hora local local time
horário timetable
  horário de funcionamento opening
  hours
  horário de visitas visiting hours
  horário de voo flight time
horrível awful
hortelã mint

hospedaria inn, lodging place
hospital hospital
hotel hotel

I

idade age
ignição ignition
igreja church
ilha island
imediatamente immediately
impossível impossible
incêndio fire
indigestão indigestion
infarto heart attack
infecção infection
informações information/
   enquiries (ING)
   informação turística tourist
   information
Inglaterra England
inglês (esa) Englishman/Englishwoman
iniciar to initiate, to begin, to start
início beginning
injeção injection, shot
inserir to insert
   inserir moedas insert coins
inseto insect
insônia insomnia
instrumento musical musical
   instrument
inteligente intelligent, clever
interessante interesting
internacional international
internado (a) in-patient
inundação flood
inverno Winter
intérprete interpreter
iogurte yogurt
ir to go
   vá embora! go away!
Irlanda Ireland
irlandês (esa) Irishman/Irishwoman
irmão (ã) brother/sister
isqueiro lighter

isso that [ver **esse (a)**]
isto this [ver **este (a)**]
Itália Italy
italiano (a) Italian

J

já already
janela window
janeiro January
jantar dinner
jardim garden
jarra pitcher/carafe (ING)
joalheria jeweler's
joelho knee
jogar to play
jogo game
jornal newspaper
julho July
junho June
juntos together
justo (a) *(roupa)* tight

L

lá there
lã wool
lábio lip
lado side
ladrão thief
lago lake
lagosta lobster
lâmina blade
lâmina de barbear razor blade
lâmpada bulb
lancha motorboat
lanche snack
lanchonete snack bar
lanterna flashlight/torch (ING)
lápis pencil
lar home
laranja orange
lareira fireplace
largo (a) large
largura width
lata can

lata de lixo garbage can, trash can/
  dustbin (ING)
lavadora de roupas washing machine
lavanderia (a seco) dry cleaner's
lava-rápido car wash
laxante laxative
legumes vegetable
leite milk
leito couchette
lembrar to remember, to remind
lenço handkerchief
lençol sheet
lentes de contato contact lenses
lento (a) slow
ler to read
leste east
levantar to lift, to get up
levar to carry
leve light
libra pound (1 libra = cerca de 450 g)
libra esterlina (ING) pound sterling
licensa license
licor liqueur
limão lemon
limite limit
  limite de velocidade speed limit
limonada lemonade
limpador de para-brisa windshield
  wiper/windscreen wiper (ING)
limpa-vidros screen wash
limpo (a) clean
língua tongue
linha cruzada crossed line
liquidação sale
lista list
  lista telefônica telephone directory
litro litre
livraria bookshop, bookstore
livre vacant, free
livro book
lixo garbage/rubbish (ING)
local place
logo soon
loiro (a) blond/blonde
134

loja shop, store
  loja de antiguidades antique shop
  loja de artesanato craft shop
  loja de brinquedos toyshop
  loja de departamentos department
  store
  loja de discos, CDs record shop
  loja de eletrodomésticos electrical
  goods store
  loja de ferragens hardware shop
  loja de material fotográfico camera
  shop
  loja de presentes gift shop
  loja de suvenires souvenir shop
lona impermeável ground sheet
longe far
longo (a) long
lotado (a) no vacancies
louco (a) mad, crazy
lua moon
lua de mel honeymoon
lugar place
luvas gloves
luz light
luzes *(no cabelo)* highlights
luzes traseiras *(no carro)* rear lights

M

maçã apple
maçaneta handle
machado axe
madeira wood
maduro (a) mature
mãe mother
magro (a) thin
maio May
mais more
  o mais the most
mala suitcase
manhã morning
manteiga butter
manter to keep
mão hand
mão única *(rua)* one way

mapa map
mapa da cidade city map/network
  map (ING)
maquiagem make-up
máquina machine
mar sea
marca *(de produto)* brand
marcha *(no carro)* gear
março March
margarina margarine
marido husband
marrom brown
martelo hammer
mas but
máscara de mergulho diving mask
massas *(alimento)* pastas
material de escritório office supplies
mau *(á)* bad
mecânico mechanic
médico *(a)* doctor
  médico de plantão doctor on duty
meia-noite midnight
meias *(roupa)* socks
  meia-calça pantie-hose, tights
meio *(a)* *(adj.)* half
  meia hora half an hour
  meia pensão half board
  meio litro half-litre
meio-dia noon
mel honey
melancia watermelon
melhor better
  o melhor the best
menino *(a)* boy/girl
menos less
  o menos least
mensagem message
mercado, feira market
  mercado coberto indoor market
mercadoria, produto goods
mercearia grocery, grocery store
mergulhar to dive
mergulho diving
mês month

mesa table
mesmo *(a)* same
metrô subway/underground (ING)
meu/minha, meus/minhas my, mine
  meu nome é ... my name is ...
  este livro é meu ... this book is
  mine
mil thousand
milha mile (1 milha = cerca de 1,6 km)
milhão million
minuto minute
mobília furniture
mochila backpack/rucksack (ING)
moço *(a)* young, guy
moda fashion
modelo model
moeda coin
  moeda corrente currency
molhado *(a)* wet
molhar to wet, to moisten
molho *(alimento)* sauce, dressing
momento moment
  neste momento at the moment
montanha montain
montanhismo rock climbing
monumento monument
morango strawberry
morder to bite
mordida bite
morrer to die
morte death
mosca fly
mosquito mosquito
mostarda mustard
motocicleta motorbike
motor engine
motorista driver
mover to move
movimento motion
mudar to change
muito *(a)* much
  muitos *(as)* many
muleta crutch
mulher woman

muro wall
museu museum
música music
músico musician

N

nacional, doméstico (a) *(voo)*
  domestic
nada nothing
  de nada you're welcome
  por nada for nothing
nadar to swim
nádega buttock
não no
  não, obrigado (a) no, thank you
nariz nose
nascer to born
  nasci em ... I was born in ...
natação swimming
Natal Christmas
náusea nausea
navio ship
neblina fog, mist
necessário necessary
necessitar to need
negar to deny
negócios business
nem neither, nor
  nem ... nem ... neither ... nor ...
nenhum (a) none
neto (a) grandson/granddaughter
neve snow
ninguém nobody
nódulo lump
noite evening, night
  esta noite this evening
  hoje à noite tonight
  noite de Natal Christmas Eve
noivo (a) bridegroom/bride
nome name
  qual o seu nome? what's your name?
norte north
nós we
  nós estamos atrasados we are late

nosso (a), nossos (as) our
nota *(anotação)* note
nota *(dinheiro)* banknote
notícias news
novamente again
nove nine
novembro November
noventa ninety
novo (a) new
noz nut
  noz-moscada nutmeg
número number
  número errado wrong number
  números úteis useful numbers
nunca never

O

o (a), os (as) the
obras *(em estrada)* roadworks
obrigado (a) thank you
  muito bem, obrigado (a) very well,
  thank you
  muito obrigado (a) thank you very
  much
  obrigado (a), igualmente thank
  you, the same to you
obturação *(de dente)* filling
ocasionalmente occasionally
oculista optician,
  ophthalmologist
óculos glasses
  óculos de mergulho goggles
  óculos de sol sunglasses
ocupado (a) busy, reserved
oeste west
oficina mecânica garage
oftalmologista ophthalmologist
oi hi
oitenta eighty
oito eight
olá hello, cheerio (ING)
óleo oil
  óleo diesel diesel
olhar *(verbo)* to look

olho eye
ombro shoulder
onda wave
onde where
   onde está o (a) ...? where is the ...?
   onde posso conseguir ...? where
   can I get ...?
ônibus bus
   ônibus de linha bus/coach (ING)
   ônibus do aeroporto airport bus
   ônibus elétrico trolley bus
   ponto de ônibus bus stop
ontem yesterday
   ontem à noite last night
   ontem à tarde yesterday afternoon
onze eleven
operação operation
óptica optician's
orelha ear
órgão organ
osso bone
ostra oyster
ótimo (a) excellent
otorrinolaringologista ear, nose and
   throat specialist
ou or, either
ouro (*metal*) gold
ouros (*naipe*) diamonds
outono Fall/Autumn (ING)
outro (a) another
outubro October
ouvido ear
ouvir to listen
ovo egg

P

pá shovel
pacote package, parcel
padaria bakery, baker's
padeiro baker
padre priest
pagar to pay
   pagar aqui pay here
   pagar no caixa pay at the desk

página page
Páginas Amarelas Yellow Pages
pai father
   pais parents
país country
palácio palace
palavra word
pálido (a) pale
panela saucepan
pano cloth
pão bread
papel paper
   papel de carta writing paper
   papel de embrulho wrapping paper
   papel higiênico toilet paper
papelaria stationer's (shop)
par couple
para to, for
   para a cidade to the city
   para mim for me
parabéns congratulations
para-brisa windshield/
   windscreen (ING)
parada stop
paraquedismo skydiving
parar to stop
   pare! stop!
parecer to seem
parede wall
parte part
partida (*de avião, trem*) departure
partida de futebol soccer game/
   football match (ING)
Páscoa Easter
passageiro (a) passenger
passagem (*bilhete*) ticket, fare
   passagem de ida e volta round-trip
   ticket, two way ticket/return
   ticket (ING)
   passagem só de ida single ticket,
   one way ticket
passaporte passport
passar to pass
passar roupa to iron

passatempo hobby, pastime
passear to go for a walk
pasta *(de mão)* suitcase
pasta de dentes toothpaste
patinação no gelo ice skating
patinar to skate
patins skates
patrulheiro patrolman
paus *(naipe)* clubs
pé foot
peça piece
   peça de teatro play
   peças sobressalentes *(carro)* spares
pedaço piece
pedágio toll
pedestre pedestrian
pedido order
pegar to take
pegar carona to hitchhike
peito chest
peixaria fish market/fishmonger's (ING)
peixe fish
pele skin, fur
peleteria furrier
penicilina penicillin
pensão pension, guesthouse
   pensão completa full board
   pensão familiar bed and breakfast
   hotel
pensar to think
pente comb
pentear to comb
Pentecostes Whitsun
pepino *(alimento)* cucumber
pequeno *(a)* small
pera pear
perder to lose
perfeito *(a)* perfect
perfume perfum
pergunta question
perguntar to ask
perigo danger
perigoso *(a)* dangerous
permanente *(no cabelo)* perm
138

perna leg
pérola pearl
perto near
pesado *(a)* heavy
pesca fishing
pescar to fish
pesca submarina underwater fishing
pescoço neck
pé de pato flipper
peso weight
   excesso de peso overweight
pêssego peach
pessoa person
pia sink/washbasin (ING)
picada sting
pijama pyjamas
pilha *(bateria)* battery
pilha *(monte)* pile
piloto pilot
pílula pill
pimenta pepper
pimentão sweet pepper
pinça *(para extrair pelos)* tweezers
pincel paintbrush
pintar to paint
pintura fresca wet paint
pior worse
   o pior the worst
piquenique picnic
piscina pool, swimming pool
   piscina ao ar livre open-air
   swimming pool
   piscina coberta indoor swimming
   pool
piso *(pavimento)* floor, pavement
pista de esqui ski trail
pista de patinação skating rink
pista escorregadia slippery road
pista para principiantes nursery
   slope
pista para veículos pesados crawler
   lane (ING)
placa license plate/numberplate (ING)
planta plant

plástico (a) plastic
plataforma platform
pneu tyre
pneumonia pneumonia
pó powder
pobre poor
poder to can, to may
   posso usar seu telefone? can I use your phone?
   posso apresentar-lhe ...? may I introduce ...?
polícia police
   polícia de trânsito traffic police
policial policeman, policewoman
pomada pomade, cream
ponta edge
ponte bridge
por by
   escrito por ... written by ...
pôr to put
porão basement, underground
porcelana china
porco *(carne)* pork; *(animal)* pig
porém but, however
por favor please
por que *(em perguntas)* why
porque *(em respostas)* because
porta door
porta-malas trunk/boot (ING)
portão de embarque gate
porteiro doorkeeper
porto harbour, port
português (esa) Portuguese
possível possible
postagem postage
   postagem para o exterior postage abroad, international postage
postar to post, to mail
posta-restante general delivery/ poste restante (ING)
posto de gasolina gas station/ petrol station (ING)
pouco little
   poucos (as) few

praça square
praia beach
prancha de surfe surfboard
prata silver
prato plate, dish
   prato principal main course
precisar to need
preço price
preencher to fill in
prefeitura disctrict
preferir to prefer
prefixo, código code
preguiçoso (a) lazy
presente gift
pressa hurry
pressão alta/baixa high/low-pressure
preto (a) black
primavera Spring
primeiro (a) first
   primeira classe first class
   primeiro andar first floor
primeiros socorros first aid
principiante beginner
prisão de ventre constipation
privada *(banheiro)* toilet
privado (a) private
problema problem
   qual é o problema? what's wrong?
procurar to search
profundidade depth
profundo (a) deep
proibido (a) forbidden, prohibitted
pronto (a) ready
pronto-socorro emergency room/ casualty department (ING)
próximo (a) next, near
   o próximo the next
público (a) public
pular to jump
pulmões lungs
pulseira bracelet
punho *(corpo)* wrist
punho *(de camisa)* cuff
puxar to pull

Q

quadra de tênis tennis court
quadrado square
quadro de horários timetable
qual (ais) which
qualidade quality
qualquer any
quando when
quantia amount
quanto how much
  quanto custa? how much is it?
quantos how many
  quantos destes? how many of these?
quarenta forty
quarta-feira Wednesday
quarto (*casa*) bedroom
  quarto com duas camas twin room
  quarto duplo double room
  quarto para uma pessoa single room
quarto (*de hora*) quarter
quarto (*número ordinal*) fourth
quase almost
quatro four
que what, than
  ela é mais velha do que você she is older than you
  que horas são? what time is it?
quebrado (a) broken
queijo cheese
queimadura burn
  queimadura de sol sunburn
queimar to burn
queixo chin
quem who
  de quem, cujo whose
quente hot
querido (a) dear
questão question
quilo kilogram, kilo
quilômetro kilometre
quinta-feira Thursday
quinze fifteen
quitanda greengrocer's

140

R

rabanete radish
ramal extension
rápido (a) fast
raquete racket
raramente seldom
raso (a) shallow
rato rat
rebocar to tow
reboque trailer
recado message
receita (*culinária*) recipe
receita (*médica*) prescription
recepção reception
recepcionista receptionist
recibo receipt
recolhimento de bagagens baggage claim
recuperar to recover
rede hammock
reembolso refund
refeição meal
refeição ligeira snack
refrigerante (*bebida*) soft drink
registro hidráulico stopcock
regra rule
relaxar to relax
relógio (*de parede ou móvel*) clock
  relógio de pulso watch
relojoeiro watchmaker, clockmaker
remar to row
remédio medicine
remetente sender
reserva reservation
reservado (a) reserved
reservar to reserve, to book
resfriado cold
resgate rescue
  resgate de estrada breakdown service
  resgate de montanha mountain rescue
respiração respiration, breathing
respirador snorkel

respirar to breathe
responder to answer
ressaca hangover
restaurante restaurant
resto rest
retirada, saque *(dinheiro)* withdrawal
retirada de bagagens baggage claim
retirar, sacar *(dinheiro)* to withdraw
retornar to return
reumatismo rheumatism
reunião reunion, gathering, meeting
revista magazine
rezar to pray
rico (a) rich
rim kidney
rímel *(cosmético)* eyelash mascara
rio river
rir to laugh
roda wheel
rodovia highway/motorway (ING)
rolha cork
rosto face
rota route
rótulo label
roubar to steal
roubo theft
roupa clothe
   roupas íntimas underwear
   roupas femininas ladies' clothing,
   ladies' wear
   roupas masculinas men's clothing,
   menswear
roxo (a) purple
rua street
rubéola German measles
rúgbi rugby
ruim bad

S

sábado Saturday
saber to know
   não sei I don't know
sabonete soap, toilet soap
sabor flavour, taste

sacada balcony
saca-rolhas corkscrew
saco de dormir sleeping bag
sacola de compras carrier bag,
   shopping bag
saguão, sala de espera lounge
saia skirt
saída exit, way out
   saída de caminhões works exit
   saída de emergência emergency exit
sair to get out, to get off
sal salt
sala room
   sala de espera departure lounge,
   waiting room
   sala de estar living room
   sala de jantar dining room
   sala de operações surgery room/
   operating theatre (ING)
salada salad
saldo, liquidação sale
salsa parsley
salsicha sausage
salto *(de sapato)* heel
salva-vidas lifeguard
sandália sandal
sanduíche sandwich
sangue blood
sanitário toilet
   por favor, onde ficam os sanitários?
   where are the toilets, please?
sapato shoe
sapataria shoe shop
sarampo measles
saúde health
saúde! *(brinde)* cheers!
se *(em caso de)* if
secador de cabelo hairdryer
seção, departamento department
seco (a) dry
secreto (a) secret
século century
seda silk
sedativo sedative, sleeping pill

sede (*de beber*) thirst
seguinte next
  no dia seguinte the next day
segundo (a) second
  segunda classe second class
segunda-feira Monday
segurança safety, security
seguro de vida life insurance
seis six
sela saddle
selo stamp
sem without
semáforo traffic lights
semana week
  semana passada last week
  semana que vem next week
sempre always
senhor, cavalheiro gentleman
senhora, dama lady
senhorita miss
sentir to feel
separado (a) separated
ser to be
  eu sou … (*profissão*) I am a …
  você (s) é (são) … you are …
  ele (a) é … he/she/it is …
  nós somos … we are …
  eles (as) são … they are …
sério (a) serious
serviço service
  serviço de quarto room service
  serviço gratuito free service
servir to serve
sessenta sixty
seta (*carro*) turn signal/indicator (ING)
sete seven
setembro September
setenta seventy
seu/sua, seus/suas your/his/her/its
  their, yours/his/hers/its/theirs
Sexta da Paixão Good Friday
sexta-feira Friday
shorts shorts
silencioso (a) silent

sim yes
simpático (a) nice
simples simple
sinagoga synagogue
sinal de discagem tone, dialling tone
sino bell
sob under
sobrancelha eyebrow
sobrar to remain
sobre on, upon
sobremesa dessert
sobrenome surname, last name
sobrinho (a) nephew/niece
socorro! help!
sofrer to suffer
sol sun
solteiro (a) single
som sound
somente only
sono sleep
sopa soup
sorrir to smile
sorte luck
sorvete ice cream
sótão attic
sozinho (a) alone
subir to rise, to come up, to go up
subúrbio suburb
suco juice
suéter sweater, pullover
sul south
supermercado supermarket
sujo (a) dirty
surdo (a) deaf
surfe surf
sutiã brassière, bra
suvenir souvenir

T

tabacaria tobacco shop
tábua de passar roupa ironing board
taco de golfe wood, driver
talão de cheques check book/
  cheque book (ING)

talco (talcum) powder
talvez perhaps, may be
tamanho *(de roupa)* size
também also, too
tampa cover, lid
tampinha de garrafa cap
tangerina tangerine
tanto (a), tantos (as) as much, as many
tão such, so
tapete rug, carpet
tarde late
tarde *(período do dia)* afternoon
tarifa charge, rate
 tarifas postais postage rates
taxa de câmbio exchange rate
táxi cab/taxi
tecido fabric, cloth
teleférico *(de cadeira)* chair lift
telefonar to call
telefone telephone, phone
 telefone com uso de cartão
  cardphone
 telefone público payphone
telefonema call
telefonista, central telefônica
 operator, local exchange
telegrama telegram
televisão television
telhado roof
temperatura temperature
tempero spice, seasoning
tempestade storm
templo temple
tempo *(duração)* time
tempo *(clima)* weather
tenda, barraca tent
tênis tennis
tentar to try
ter, haver to have
 eu tenho um ... I have a ...
 você (s) tem (têm) ... you have ...
 ele (a) tem ... he/she/it has ...
 nós temos ... we have ...
 eles (as) têm ... they have ...

terça-feira Tuesday
terceiro (a) third
terminal de bagagens baggage terminal
terno *(roupa)* suit
terra land
Terra earth
tesoura scissors
teto ceiling
tinha *(passado do verbo ter)* had
tinturaria dry cleaner's
tio (a) uncle/aunt
tipo sanguíneo blood type
tíquete, passagem ticket
tíquete *(em bares)* receipt
tiro ao alvo shooting range
toalha towel
tocar to touch
tocar *(um instrumento)* to play
todo (a), todos (as) all
tomar *(beber)* to drink
tomar *(pegar)* to take
tomate tomato
tomada elétrica socket
tórax chest
torcedura sprain
torneira fawcet, tap
tornozelo ankle
torta, bolo cake
tosse cough
trabalhar to work
tradutor translator
traduzir to translate
trailer trailer/caravan (ING)
traje esportivo sportswear
traje isotérmico wet suit
trampolim diving board, ski jump
travesseiro pillow
trem train
 trem de longo curso long-distance
  train
 trem rápido fast train
trenó sledge
três three
treze thirteen

143

triângulo *(de carro)* warning triangle
trinta thirty
triste sad
trocar to change
troco change
tudo all
túnel tunnel
turista tourist

U

uísque whisky
úlcera ulcer
último (a) last
um *(número)* one
um (a) *(artigo indefinido)* a, an
unha nail
usar to use
utensílio de cozinha cooking utensil
útil useful
uva grape

V

vacinação vaccination
vagão carriage, car
 vagão-leito sleeper
 vagão-restaurante restaurant car
vala ditch
vale postal money order
 vale postal internacional
 international money order
vara de pescar fishing rod
varíola smallpox
vários (as) several, many, much
vassoura brush
vazamento leak
vazio (a) empty
vela *(esporte)* sail
vela *(ilumin.)* candle
vela de ignição spark plug
velejar sailing
velho (a) old
velocidade speed
velocímetro speedometer
vendedor (a) salesman/saleswoman

vender to sale
vento wind
ver to see
verão Summer
verde green
verduras, legumes vegetables
vermelho (a) red
vesícula blister
Véspera de Ano-Novo New Year's Eve
vestido dress
viagem travel, trip, journey
vida life
vidro glass
vinho wine
vinte twenty
violeta violet
vir to come
viver to live
voar to fly
você (s), tu (vós) you
 você tem ...? do you have ...?
volante *(de carro)* steering wheel
voleibol volleyball
voltar to turn, to come back
vomitar to vomit, to throw up
voo flight
 voo regular scheduled flight
 número do voo flight number
voz voice

W

windsurfe windsurfing

X

xícara cup
xampu shampoo

Z

zelador (a) janitor/caretaker (ING)
zero zero
zíper zipper
zona de tráfego restrito restricted
 traffic area
zoológico zoo